非营利组织经营与管理

主　编　李飞虎　黄　静
副主编　刘战旗　陆　宁

图书在版编目（CIP）数据

非营利组织经营与管理/李飞虎，黄静主编. 一北京：北京大学出版社，2016.1
（全国职业教育规划教材·公共事业系列）
ISBN 978-7-301-23821-9

Ⅰ.①非⋯　Ⅱ.①李⋯②黄⋯　Ⅲ.①社会团体－经营管理－高等职业教育－教材　Ⅳ.①C912.2

中国版本图书馆 CIP 数据核字（2014）第 019496 号

书　　　名	非营利组织经营与管理
著作责任者	李飞虎　黄　静　主编
责 任 编 辑	姚成龙　巩佳佳
标 准 书 号	ISBN 978-7-301-23821-9
出 版 发 行	北京大学出版社
地　　　址	北京市海淀区成府路 205 号　100871
网　　　址	http://www.pup.cn　新浪微博：@北京大学出版社
电 子 信 箱	zpup@pup.cn
电　　　话	邮购部 010-62752015　发行部 010-62750672　编辑部 010-62754934
印 刷 者	北京虎彩文化传播有限公司
经 销 者	新华书店
	787 毫米×1092 毫米　16 开本　11.75 印张　254 千字
	2016 年 1 月第 1 版　2023 年 9 月第 9 次印刷
定　　　价	28.00 元

未经许可，不得以任何方式复制或抄袭本书之部分或全部内容。
版权所有，侵权必究
举报电话：010-62752024　电子信箱：fd@pup.pku.edu.cn
图书如有印装质量问题，请与出版部联系，电话：010-62756370

前　言

1978 年以来，随着市场经济的发育成熟、改革开放的逐步深入和社会转型的全面展开，我国非营利组织逐渐从曲折发展走向一个新的高潮，开始遍布全国城乡，涉及社会生活各个领域，基本形成了门类齐全、层次不同、覆盖广泛的组织格局。党的十八大以来，以习近平同志为核心的党中央明确提出走出一条具有中国特色的社会组织发展之路的重大命题和战略部署。党的二十大报告指出："引导、支持有意愿有能力的企业、社会组织和个人积极参与公益慈善事业。"社会组织日益成为党和政府完善公共服务体系、提高社会治理水平、促进公益慈善事业高质量发展的一个重要载体，是有别于市场和政府的重要力量，在脱贫攻坚、疫情防控、抢险救灾、基层治理、乡村振兴等方面发挥着积极作用。

非营利组织在我国又称"民间组织""非政府组织""社会组织"等，泛指在一个社会里由各个不同社会阶层的公民自发成立的，在一定程度上具有非营利性、非政府性和社会性特征的各种组织形式及其网络形态。这些组织中通常包括各种冠以"学会""研究会""协会""商会""促进会""联合会""校友会"等名称的会员制组织，以及包括基金会和各种致力于教育、科技、文化、卫生、体育、社会福利等具有公益性的实体机构在内的非会员制组织。截至 2022 年年底，我国共有社会组织 89.2 万个，其中，基金会 9360 个，社会团体 37.1 万个，社会服务机构 51.2 万个，共吸纳社会各类人员就业 1100.0 万人。

社会工作是一个专门助人的事业，如今已经成为世界上许多国家和地区维护社会稳定和解决社会问题、促进社会和谐的主要途径之一。2006 年，党的十六届六中全会通过的《中共中央关于构建社会主义和谐社会若干重大问题的决定》明确提出要"建设一支宏大的社会工作人才队伍"，并指出"造就一支规模宏大、结构合理、素质优良的社会工作人才队伍，是坚持以人为本、全面贯彻落实科学发展观的重要体现，是构建社会主义和谐社会的迫切需要"。

对于社会工作专业而言，非营利组织的快速发展为广大的社会工作者提供了开展专业服务，实现专业使命的舞台与空间；对于非营利组织而言，社会工作的发展为非营利组织运作与管理提供了有力的人才保障。可见，非营利组织已经成为社会工作及相关专业非常重要的就业领域与方向，非营利组织管理有关课程逐渐成为社会工作及相关专业的专业课程或选修课程。

在教材建设方面,伴随着非营利组织在我国的迅速发展,几乎每年都有相关的著作问世,但其大多是站在本科教育或MPA的立场来设计教材体例、选取教材内容,更加偏重理论知识的传授,相对于职业教育而言,缺乏实践性和可操作性。

在这种状况下,我们萌发了编写这本教材的冲动,依据"理论够用、能力为本"的职教理念,以及基于工作过程导向的课程开发指导方针,来设计教材体例和选取教材内容,在以下几个方面进行突破与尝试。

一是创新教材体例。本教材采用项目导向、任务驱动的编写体例,在项目下面设计教学任务、知识链接、拓展训练等环节,打破传统的章节框架,简化理论、突出应用能力的训练与培养,以增强学生学习的主观能动性,提高学生的服务技能。

二是优化教材内容。本教材依据"理论够用、能力为本"的职教理念,以非营利组织岗位能力为主线设计内容。从对非营利组织的认识到对非营利组织的规划,再到非营利组织的经营与管理,突出教材的实用性,确保学生在书本上所学的知识能在非营利组织中工作时学有所用。

三是精选生动案例。本教材每一个项目中都设计了若干情境导入,这些情境大多来自非营利组织的真实案例,并在此基础上提出问题,引起学生的思考,而回答这些问题需要学习其后的知识链接。

本书共四个模块十二个项目。入门基础篇包括:项目一"非营利组织概述"、项目二"非营利组织发展的国际视野"、项目三"非营利组织在我国的发展"。机构管理篇包括:项目四"非营利组织战略管理"、项目五"非营利组织领导与治理"、项目六"非营利组织人力资源管理"、项目七"非营利组织财务管理"。项目运作篇包括:项目八"非营利组织项目管理概述"、项目九"非营利组织项目设计与申请"、项目十"非营利组织项目实施与管理"。技能拓展篇包括:项目十一"非营利组织筹款"、项目十二"非营利组织评估"。这种形式既体现了职业教育教材的特点,也反映了非营利组织岗位对专业能力的要求。

本书由重庆城市管理职业学院李飞虎、黄静担任主编,负责全书组织协调、内容确定、大纲审定及审核定稿工作;由长沙民政职业技术学院刘战旗、重庆城市管理职业学院陆宁担任副主编,协助主编进行统稿工作。具体分工如下:李飞虎编写项目一,项目三的任务一、任务三,项目七,项目十的任务三;黄静编写项目二,项目三的任务二,陆宁编写项目四,项目五,刘立祥(西南石油大学)编写项目六,刘成旗编写项目八,项目九中的任务一、任务二、任务三,项目十中任务一、任务二;郭勇(重庆慧灵智障人士社区援助中心)编写项目十一;张江龙(西南石油大学)编写项目十二;赵伟(兰州职业技术学院)编写项目九中的任务四。

在编写过程中，重庆城市管理职业学院社会工作学院院长周良才教授与北京大学出版社的编辑巩佳佳审阅了全稿，并对本书的编写提出许多宝贵的意见，在此谨致真诚的谢意！

编者

2023 年 7 月

目　　录

模块一　入门基础篇

项目一　非营利组织概述 ……………………………………………………（3）
　　任务一　剖析非营利组织的概念及基本属性 …………………………（3）
　　任务二　寻觅非营利组织产生与发展的原因 …………………………（7）
　　任务三　探讨非营利组织的分类 ………………………………………（11）
　　任务四　分析非营利组织的地位与作用 ………………………………（13）
项目二　非营利组织发展的国际视野 ………………………………………（17）
　　任务一　了解非营利组织在国外的发展历程 …………………………（17）
　　任务二　剖析主要国家非营利组织的发展状况 ………………………（25）
项目三　非营利组织在我国的发展 …………………………………………（35）
　　任务一　了解我国非营利组织的发展历程 ……………………………（35）
　　任务二　掌握我国非营利组织现行法律制度框架 ……………………（38）
　　任务三　分析我国非营利组织存在的主要问题 ………………………（41）

模块二　机构管理篇

项目四　非营利组织战略管理 ………………………………………………（49）
　　任务一　了解战略管理的特点与作用 …………………………………（49）
　　任务二　熟知战略管理的层次和任务 …………………………………（53）
　　任务三　掌握战略管理的过程与方法 …………………………………（55）
项目五　非营利组织领导与治理 ……………………………………………（65）
　　任务一　了解领导与管理的区别 ………………………………………（65）
　　任务二　熟知非营利组织领导技能 ……………………………………（68）
　　任务三　掌握非营利组织理事会治理 …………………………………（72）
项目六　非营利组织人力资源管理 …………………………………………（78）
　　任务一　了解人力资源的构成及管理特征 ……………………………（78）
　　任务二　熟知志愿者的招募与管理 ……………………………………（83）

任务三　掌握人力资源管理的基本任务与策略 …………………………………… (87)

项目七　非营利组织财务管理 ……………………………………………………………… (95)
　　任务一　了解非营利组织财务管理的特征与目标 …………………………………… (95)
　　任务二　熟知非营利组织财务管理的功能与原则 …………………………………… (98)
　　任务三　掌握非营利组织财务管理的基本内容与方法 ……………………………… (101)

模块三　项目运作篇

项目八　非营利组织项目管理概述 ………………………………………………………… (109)
　　任务一　了解项目的概念、特征及类型 ……………………………………………… (109)
　　任务二　熟知项目管理的起源与内容 ………………………………………………… (112)
　　任务三　掌握非营利组织项目管理的特点、原则与意义 …………………………… (115)

项目九　非营利组织项目设计与申请 ……………………………………………………… (118)
　　任务一　分析项目设计的依据 ………………………………………………………… (119)
　　任务二　熟知项目设计的逻辑框架与原则 …………………………………………… (123)
　　任务三　掌握项目计划书的撰写 ……………………………………………………… (126)
　　任务四　掌握项目申请的基本流程与技巧 …………………………………………… (128)

项目十　非营利组织项目实施与管理 ……………………………………………………… (133)
　　任务一　组建项目团队 ………………………………………………………………… (133)
　　任务二　制订项目实施方案 …………………………………………………………… (135)
　　任务三　项目实施与管理 ……………………………………………………………… (138)

模块四　技能拓展篇

项目十一　非营利组织筹款 ………………………………………………………………… (145)
　　任务一　了解非营利组织筹款的概念、理念与原则 ………………………………… (145)
　　任务二　掌握非营利组织筹款的基本策略与技巧 …………………………………… (149)
　　任务三　熟悉非营利组织筹款的基本方式 …………………………………………… (155)

项目十二　非营利组织评估 ………………………………………………………………… (158)
　　任务一　了解非营利组织评估的含义、功能及特点 ………………………………… (158)
　　任务二　熟知非营利组织评估框架与指标体系 ……………………………………… (162)
　　任务三　掌握非营利组织评估的基本方法 …………………………………………… (170)

参考文献 ……………………………………………………………………………………… (176)

模块一

入门基础篇

非营利组织概述

项目概述

本项目主要介绍非营利组织的概念及基本属性、非营利组织产生与发展的原因、非营利组织的分类和非营利组织的地位与作用等四项任务。通过本项目的学习,应重点掌握非营利组织的概念及基本属性,明白非营利组织产生的社会背景,并能理解非营利组织在社会发展中的地位与作用。

引 言

20世纪70年代以来,随着英、美等发达国家和第三世界的非营利组织及跨国性的非营利组织的蓬勃发展,一场所谓"结社革命",即"第三部门"运动席卷全球。伴随着全球化的浪潮,中国的非营利组织也开始迅速发展起来,在人们的社会生活中扮演着重要的角色,发挥着不可替代的作用。那么,究竟什么是非营利组织?非营利组织跟政府、企业有哪些区别?非营利组织主要出现在现实生活中的哪些领域?有哪些类型的组织?它们在社会发展中居于什么地位?发挥什么作用?希望同学们通过对本项目的学习,能够找到答案。

任务一 剖析非营利组织的概念及基本属性

情境导入

由于观察的角度与关注的重点不同,再加上文化上的差异,目前国际上对非营利组织(Non-profit Organization)有不同的称谓,如"第三部门"(the Third Sector)、"独立部门"(Independent Sector)、"慈善组织"(Charitable Sector)、"志愿组织"(Voluntary Sector)、"免税组织"(Tax-exempt Sector)、"非政府组织"(Non-government Organization，NGO)、"社会经济"(Social Economy)等。在中国，也有"民间组织""社会组织"等说法。根据你的理解，下列组织中哪些属于非营利组织：中国红十字会、重庆市救助管理站、中国扶贫基金会、南都公益基金会、海尔集团、自然之友、中国社会工作协会、湖南涉外经济学院、温州市打火机协会、中国社会学学会、四川省平溪乡蔬菜专业合作社、中国残疾人联合会。

任务目标

（1）区分非营利组织与"第三部门"等不同称谓之间的区别。

（2）根据情景导入中提供的组织名单，判断其中哪些组织是非营利组织，为什么？

知识链接

一、非营利组织的概念

对于什么是非营利组织，国际上尚没有统一的说法，一方面是因为非营利组织兴起的历史不长，另一方面则缘于不同学者具有不同的社会文化背景。对于非营利组织概念的界定，国际学术界形成了以下几种有代表性的定义。

（1）法律定义。世界上有些国家（主要是美国）在法律上对其进行了一些规定，如《美国联邦税法典》对于合乎规定的非营利组织作了以下界定：非营利组织本质上是一种组织，其净盈余的分配，包括给任何监督与经营该组织的人，如组织成员、董事或理事等的报酬，都受到限制。该税法第501条还列出了其必须遵守的条件：该组织的运作目标完全是为了从事慈善性、教育性、宗教性和科学性事业，或者是达到该税法明文规定的其他目的；该组织的净收入不能用于使私人受惠；该组织所从事的主要活动不是为了影响立法也不干预公开的选举。凡是符合以上条件的组织都是非营利组织。

（2）收入来源定义。联合国国民经济核算体系将经济活动的领域分为五大部门：金融组织、非金融组织、政府、非营利组织和家庭。其中，非营利组织与其他四类组织的区别在于，非营利组织的大部分收入不是来自以市场价格出售的商品与服务，而是来自其成员交纳的会费和支持者的捐赠。如果一个组织一半以上的收入来自以市场价格销售的收入，则是营利性部门；而一个主要依靠政府资助的组织则是政府部门。

（3）结构-运作定义。这一定义由美国约翰·霍普金斯大学非营利组织比较研究中心的萨拉蒙教授等人提出。他们认为凡是符合组织性、民间性、非营利性、自治性和志愿性

项目一 非营利组织概述

这五个特性的组织都是非营利组织。

此外，美国学者 Wolf Thomas 曾对非营利组织进行描述性的定义，即非营利组织是指那些以服务公众为宗旨，不以营利为目的，组织所得不为个人牟取私利，组织自身具有合法的免税资格和提供捐赠人减免税的合法地位的组织。① 我国学者王名教授认为，非营利组织是不以营利为目的的、主要开展各种志愿性的公益或互益活动的非政府的社会组织。②

参考国内外学者对非营利组织的界定，结合中国的实际情况，我们认为非营利组织是以公共服务为使命，不以营利为目的，组织盈余不分配给内部成员，并具有民间独立性质的组织。在中国，主要包括被冠以"学会""研究会""协会""商会""促进会""联合会"等名称的会员制组织，以及包括基金会和各种民办社会福利机构等社会服务实体在内的非会员制组织。

二、非营利组织的基本属性

对于非营利组织的一般特性，不同的学者也有不同的见解。例如，萨拉蒙和安海尔就根据非营利组织的结构-运作定义，将其特点归纳为正规性、私立性、非利润分配性、自治性和志愿性及公益性。日本学者重富真一结合亚洲国家的国情，提出非营利组织应该具有非政府性、非营利性、自发性、持续性、利他性、慈善性等特点。王名结合中国的特色，将非营利组织的特性归纳为非营利性、非政府性以及志愿公益性或互益性等三点。以下，我们重点介绍王名的观点。

1. 非营利性

非营利性是非营利组织的第一个基本特征，是其区别于企业的根本属性。在市场经济下，企业千差万别，但都以获取利润即营利为目的，不存在非营利的企业。作为非营利的社会组织，其非营利性主要体现在三个方面。

(1) 不以营利为目的。企业的宗旨尽管表述各不相同，但都离不开营利这一本质，所以，营利是企业的根本宗旨。对于非营利组织来说，其宗旨也可以有不同的表述，但不以营利为目的则是一切非营利组织的根本宗旨，即非营利组织的宗旨不是为了获取利润并在此基础上谋求组织自身的发展壮大，而是为了实现整个社会或一定范围内的公共利益。

(2) 不能进行剩余收入（利润）的分配（分红）。非营利组织可以开展一定形式的经营性业务，在这些业务中往往会产生一定的超出经营总成本的剩余收入，如重庆慧灵智障人士社区援助中心开展的手工艺品义卖活动。不同的是，企业高于经营成本的剩余收入当然地被作为利润在投资者之间进行分红，而非营利组织则不能将经营所得的剩余收入作为利润在成员之间进行分配（分红），只能用于组织所开展的各种社会活动及自身发展。

---

① Wolf Thomas. Managing A Nonprofit Organization[M]. New York: Simon & Shuster, 1990: 6.
② 王名. 非营利组织管理概论[M]. 北京：中国人民大学出版社，2010: 2.

(3) 不得将组织的资产以任何形式转变为私人财产。企业的资产归企业所有者所有，其产权界定是明确的。非营利组织的资产严格来说不属于组织所有，也不属于捐赠者所有，它们在一定意义上可以说是"公益或互益资产"，属于社会。如果非营利组织解散或破产了，它们的剩余资产不能像企业那样在成员之间进行分配，而只能转交给其他公共部门（政府或其他的非营利组织）。

2. 非政府性

这是非营利组织区别于政府的根本属性，相对于企业而言，非营利组织和政府都属于社会公共部门，但和政府不同的是，非营利组织不是政府机构或其附属部分，而是非政府的社会组织。这种属性主要体现在三个方面。

(1) 非营利组织是独立自治的组织。政府作为统一完整的国家政权，它的各个部门与机构只有相对的独立性，而不是完全独立的，否则就难以行使国家的职能。而非营利组织是彼此相互独立的自治组织，它们既不属于政府，又不属于企业，而是一个个独立的社会组织，有独立的判断、决策和行为的机制与能力。

(2) 非营利组织是自下而上的民间组织。政府作为国家政权的组织形式，其基本的组建原则和权力行使方式是自上而下的，形成的是大大小小的金字塔结构。非营利组织依靠的是广大的公民，通过横向的网络联系与坚实的民众基础动员社会资源，形成自下而上的民间社会组织。

(3) 非营利组织是属于竞争性的公共部门。政府作为以政权为基础的公共部门，无论是资源的获取还是公共物品的提供，其基本方式都是垄断性的。非营利组织则不同，它们没有操纵政权的力量，只能采取各种竞争性手段来获取各种必要的社会资源并提供竞争性的公共物品。

3. 志愿公益性或互益性

志愿公益性或互益性是非营利组织一个独特属性，即非营利组织的内在驱动力不是利润，也不是权力，而是以志愿精神为背景的利他主义和互助主义，如同企业是组织化的资本，政府是组织化的权力一样，非营利组织是组织化的志愿精神。这种属性主要体现在以下三个方面。

(1) 志愿者和社会捐赠是非营利组织的重要社会资源。企业以资本的形式获取社会资源，政府通过税收的形式集中社会资源，而非营利组织主要依靠志愿者的捐赠来获得社会资源。这种社会捐赠也是志愿精神货币化或物质化的一种表现。

(2) 非营利组织的活动具有社会公开性和透明性。企业作为独立的实体，其活动具有一定的内部性或排他性，政府则不可避免地要面临安全和保密等问题。但非营利组织使用的是社会资源，提供的是公共服务或社会公共物品，所以其运作过程和开展的各种活动都要向社会公开，保持透明，并接受监督。

(3) 非营利组织提供两种类型竞争性的公共物品。企业提供的是私人物品，政府提供的是垄断性的公共物品，而非营利组织提供的是竞争性的公共物品，其中包括：公益性公共物品——提供给整个社会不特定的多数成员，如植树绿化、公害治理（国际环保组织）；互益性公共物品——提供给特定的某些社会成员，如行业互助、会员福利（国家青少年基金会）。

任务二　寻觅非营利组织产生与发展的原因

情境导入

故事一：有一片公共草场，集体所有，大家都可以在此放牧。起初景色宜人，有"天苍苍、野茫茫，风吹草低见牛羊"的田园牧歌景象。当其中的一个人想多养一只羊来增加个人收益的时候，别人不会或是无法来阻拦。虽然他可能知道草场上羊的数量已经太多了，如果再增加，将使草场上的草被过度啃嚼，质量下降。但是他如果从自己私利出发，肯定会选择多养羊，因为草场退化的代价是由大家集体负担，不需要他个人独立承担。而如果每个人都如此思考，并如此行动时，过度放牧就会导致公共草场失去自我保护能力，结果是草场风景不再，植被持续退化，直至荒漠化而无法养羊。

故事二：2013年5月9日，山东潍坊农户使用剧毒农药"神农丹"种植生姜，被央视《焦点访谈》栏目曝光，引发全国舆论哗然。据悉，神农丹的主要成分是一种叫涕灭威的剧毒，50毫克就可致一个50公斤重的人死亡。当地农民对神农丹的危害性都心知肚明，使用剧毒农药种出的姜，他们自己根本就不吃。而且当地生产姜本身就有两个标准。一个是出口国外的标准，那是绝对不使用剧毒农药的，因为检测严格骗不了外商。另一个就是国内销售的标准，可以使用剧毒农药，因为国内的检测不严格，当地农民告诉记者，只要找几斤不施农药的姜送去检验，就能拿到合格的检测报告。

任务目标

（1）故事一告诉我们什么道理？
（2）如何看待山东农民用剧毒农药"神农丹"种植生姜的行为？

知识链接

非营利组织的出现，不是偶然的，而是历史潮流行进的必然结果，它的兴起有着深刻的经济、政治和社会等方面的原因。萨拉蒙认为，非营利组织的存在大致有三方面的原因：一是历史原因，即国家形成之前人们的自愿结社的传统；二是市场失灵；三是政府失灵，即作为公共物品提供者的政府在机制上存在内在局限。归纳起来，我们认为非营利组织产生与发展的原因主要有以下几个方面。

一、历史原因

1. 自由结社的传统

从史料来看，国外民间非营利组织大约产生于古代各文明国家奴隶制社会的晚期。在希腊，一些反映奴隶主阶级民主派思想的哲学家先后诞生，他们为了宣传自己的观点与学说，和自己的信徒一起建立了最早的学术组织。在古埃及，随着生产力的提高和城市手工业的迅速发展，在阿赫米姆、孟菲斯等一些纺织生产中心出现了纺工和织工自己组成的组织，是埃及最早的行业组织。

随着封建制度的逐渐形成和城市经济的日趋繁荣，以行会和行业组织为代表的民间非营利组织也出现了较大的发展。到14—15世纪时，欧洲几乎所有城市中的手工业和商业者都成立了自己的行会组织。如法国巴黎，当时就有300多家行业组织；英国至少有10个城市有手工业行会。[1] 作为行业组织，行会强调成员之间的团结互助，并建立互助基金，开展救济工作和慈善事业。

到15—16世纪，新兴资产阶级为了摆脱封建统治，发起了直接反对教会专制的"宗教改革"运动，并从古代希腊罗马文明中寻找到反封建的武器，大力倡导文艺复兴。他们一方面以人性反对神性，以人权反对神权，以个性自由反对宗教禁锢，另一方面大力倡导自由平等的思想。如霍布斯、孟德斯鸠以及卢梭等资产阶级思想家，不断把"自由"具体化，先后提出言论自由、集会自由、结社自由的观点，把民间非营利组织的发展推向了一个新阶段。

1789年，法国资产阶级革命胜利取得政权后，发表了《人权宣言》，对于保障公民在法律面前一律平等做了规定。第二次世界大战后，各国民主力量不断增强，尤其是1948年旧金山国际会议通过的《世界人权宣言》，结社自由的人权问题受到了国际社会的重视，并成为联合国宪章的支柱之一。此后，结社自由的原则被世界各国普遍接受。

2. 致力慈善的传统

慈善是一种美德，慈心是动机，善行是结果，是人类最需要、最应当具备的基础性道德。在民族国家出现之前的社会中，由于生产力比较低下，人们过着共同劳动、相依为命的群体生活，这时，扶老携幼、互助共济就成为最初的保障。在民族国家形成的初期，由于财力不足等因素，无论是西方宗教组织开展的救灾济贫活动，还是古代中国历代统治者开展的救灾济贫活动，抑或是民间自发开展的救灾济贫活动，都只是取决于举

---

[1] 吴东民，董西明.非营利组织管理[M].北京：中国人民大学出版社，2003：14-17.

办者的意愿与财力，并非为满足社会成员的需要，从而只是一种随机的、临时的救助活动。

从史料看，有组织、有规模的民间慈善事业大约在中世纪以后出现的。1657年，美国波士顿出现了由27位苏格兰人发起的苏格兰人慈善协会，开展多种济贫活动。在中国，宋代范仲淹的"义田"、朱熹的"社仓"、刘宰的"粥局"，清代熊希龄举办的"慈幼局"等，均是被史学家关注的慈善典型。

此外，以互助为基本特征的社会性救助活动开始出现，成为慈善事业的重要补充。如中世纪德国的"基尔特"即手工业者互助基金会、18世纪英国的"友谊会"，开展具有互助性质的救助活动。在当今世界各国或地区的非营利组织中，慈善组织和医疗、教育机构都占了很大的比重，慈善事业对非营利组织的发展产生了较大的影响。

二、市场失灵

所谓"市场失灵"，主要是指因完全竞争市场所假定的条件得不到满足，市场在配置资源时缺乏效率或产生经济波动，以及按市场原则进行收入分配而出现不公平的现象。根据王名的理解，与非营利组织相关的市场失灵情形主要有三种，即信息不对称、公共物品的提供和不完全市场。市场在这三个方面的失灵使得服务需求得不到满足，于是出现非营利组织予以弥补。①

（1）信息不对称与非营利组织的产生。在美国法律经济学家亨利·汉斯曼看来，非营利组织的出现是由于在某些物品方面，营利性的生产者与消费者之间出现了信任中断。在信任不足而又信息稀缺的时候，如果服务由营利性企业或公司提供，它们很可能会利用自己在信息不对称关系中所占据的优势地位欺骗消费者，以谋求自己利润的最大化。与营利组织追求投资回报不同，非营利组织在市场中的功能是为组织成员自己提供服务，提供利他性服务，提供令人信任的产品，提供营利组织无法在数量上和质量上满足公众要求的各种产品。这样一来，非营利组织的出现正好解决了市场中营利组织的失灵问题。

（2）公共物品的提供与非营利组织的产生。公共物品的一个根本特征是不具排他性，即难以将某些人排除出去，不许他们使用。公共物品的这一特征带来了所谓的集体行动难题和"搭便车"问题，即任何一个个体，如果不被严格监督和有效激励，那么他们往往会坐享他人之成果，结果将是"一个和尚挑水喝，两个和尚抬水喝，三个和尚没水喝"。为了避免这种局面的出现，一种有效的对策就是建立一种合作、自律组织，通过它来协调诸个体的行动。在市场体系中，这类组织包括在生产组织中建立起的行业协会等经济类团体，在劳动者中建立起的工会与职业联盟，以及为了保护消费者群体利益而形成的消费者协会等。

---

① 王名.社会组织概论[M].北京：中国社会出版社，2010：39.

(3) 不完全市场所导致的市场失灵与非营利组织的产生。不完全市场是指市场竞争性均衡的基本性质得不到满足，要么买主稀少，要么卖主稀少。其结果可能是穷人的需求被忽视，因为他们的购买能力有限，不能为营利组织提供足够的营利来源，导致相应的产品和服务供给不足。此时，市场在保证社会公正性方面出现失灵，社会需要那种以救助穷人为目的的非营利组织。

三、政府失灵

"政府失灵"指政府在机制上存在缺陷，无法将资源配置效率达到最佳状况。在现代社会中，政府服务的推行，应该使所有符合条件的人受益。但是，因为进行区分的成本过高，使得一些人额外受益，而一部分应该受益的人却被排除在外。另外，政府服务讲求普遍性，但是公众因收入、宗教、种族、教育等方面的差异性，往往会产生异质的需求，所以普遍性的服务无法满足每一个人，从而造成"政府失灵"。[①] 出现"政府失灵"后，消费者可以寻找私人营利组织的产品加以替代，也可以通过非营利组织予以弥补。营利组织可以提供的物品是那些能够私有化的物品，如将洁净空气这样的公共物品转化为购买空气净化机。但还有一些物品不能转化为私人物品，它们就只能依靠非营利组织来提供了。

此外，非营利组织还可以在一定程度上缓解政府部门的效率问题。例如，政府部门在提供公共物品时相对垄断，缺乏竞争机制。社会组织则可以在准市场中去运作，通过竞争而产生活力。因此，近年来，越来越大的压力要求政府退出服务领域，尤其是社会服务领域，许多公共机构因此而将服务以契约的形式交给非营利组织来完成。

四、内在动机

如果说"政府失灵"、市场失灵是非营利组织产生的外在促进因素，而内在动机则是非营利组织产生的内部动力。一般来说，组织非营利活动的团体或个人有各式各样的动机，但归纳起来主要有三类：第一类是通过非营利活动谋取个人和团体的私利，包括金钱、地位、荣誉、权力等；第二类动机带有利他主义色彩，但也期望获得某种回报，包括精神上的快慰，如有些人就认为自己有义务为慈善事业和公益事业做出贡献；第三类是纯粹利他主义的，这些组织或个人往往把该事业当成一种使命，不遗余力地为之努力，用自己的行为带动更多的人成为慈善和公益事业的支持者。

五、社会因素

除了以上各种原因之外，非营利组织的兴起还与复杂的社会因素分不开，如政府对发

---

① Weisbrod Burton A. Toward a Theory of the Voluntary Nonprofit Sector in a Three-Sector Economy[M]. in Rose-Ackerman S. (ed.). The Economic of Nonprofit Institutions. New York：Oxford University Press，1986：26.

展非营利组织的支持程度（包括政策、财政等）、公民参与意识与参与程度的提高、自我权利保护意识的提高、自治环境等。需要强调的是，自治环境在其中非常重要，因为非营利组织的兴起基本上是人们的自觉行动，以人们的自治精神为基础，自治的原则能确保社会组织独立于政府而履行提供公共产品或公共服务的职能。

任务三　探讨非营利组织的分类

情境导入

随着社会的转型，近年来，越来越多的社会工作机构如雨后春笋般悄然兴起，如深圳的鹏星社会工作服务中心、广东的大同社会工作服务中心、重庆的冬青社会工作服务中心，等等。这些机构既承接政府购买的公益服务项目，又申请基金会资助的项目，为不同的社会弱势群体提供各种各样的专业服务，对促进社会和谐与稳定起到了重要作用。

任务目标

（1）根据你的理解，这些社会工作机构属于非营利组织中的哪一类？为什么？
（2）非营利组织与社会工作有何关系？

知识链接

分类是对非营利组织进行统计考察的基础。不过，由于非营利组织的发展是深深根植于各国的政治制度、经济条件以及文化传统的，再加上非营利组织的活动领域和组织结构形式繁杂多样，因此，对非营利组织的分类，是一个比较含糊又难以统一的问题。在这里，我们主要从国际研究和国内实践两个视角来探讨非营利组织的分类。

一、国际分类体系

非营利组织国际分类体系是由萨拉蒙与安海尔提出的，并在他们主持的约翰·霍普金斯大学的非营利部门国际比较项目中得到了实际应用。目前，该分类体系因其简洁、全面和系统等特点而得到了学术界与实务界的普遍认可。其主要内容是根据经济、显著性、精确性、完整性及组织的力量这五条标准，将非营利组织划分为十二个大类及二十七个亚类，如表1-1所示。

表 1-1 非营利组织国际分类体系（ICNPO）一览表

第一组	文化和娱乐	文化和艺术
		体育
		其他娱乐和社交俱乐部
第二组	教育和研究	初等教育和中等教育
		高等教育
		其他教育
		研究
第三组	卫生保健	医院和健康
		护理中心
		心理健康和危机干预
		其他卫生保健服务
第四组	社会服务	社会服务
		应急和救济
		收入支持和维持
第五组	环境	环境
		动物保护
第六组	发展和住宅	经济、社会和社区发展
		住宅
		就业和培训
第七组	法律、倡导和政治	公民和倡导性组织
		诉讼和法律服务
		政治组织
第八组	慈善中介和志愿促进	
第九组	国际	
第十组	宗教	
第十一组	商业、专业协会和工会	
第十二组	其他组织	

资料来源：王名.社会组织概论[M].北京：中国社会出版社，2010：16-17.

二、国内的实践与探索

在我国，登记注册的非营利组织通常按其依法登记的形式分为社会团体、基金会和民办非企业单位三大类别，然后在这三类非营利组织中，再具体划分出相应的类型，如社会团体划分为学术性、行业性、专业性和联合性四种类型；基金会分为公募基金会和非公募基金会两种类型；民办非企业单位则分为教育、卫生、文化、科技、体育、劳动、民政、社会中介服务业、法律服务业、其他等十种类型。除了在民政部门注册的三类非营利组织以外，在我国，还有在工商行政管理部门注册的非营利组织、境外在华的非政府组织和未登记的草根组织，如社区基层组织、农村专业协会。值得注意的是，随着市场经济的发展和行政管理体制改革的进行，我国特有的事业单位也逐步开始改革，越来越具有非营利组织的属性和特点。

2006年以来,为了规范和统一民间组织的统计管理,民政部借鉴和参考联合国推荐的国际非营利组织统计分类体系,并结合我国非营利组织的发展特点,从非营利组织的活动领域视角,将非营利组织分为科技与研究、生态环境、教育、卫生、社会服务、文化、体育、法律、宗教、工商业服务、农业及农村发展、职业及从业组织、国际及涉外组织、其他等十四类。此外,王名从规范的视角将非营利组织分为会员制组织和非会员制组织两大类。对于会员制组织,首先根据其所体现的公益属性,将其分为公益型组织和互益型组织;对于公益型组织,按照其是否在民政部门登记注册,区分为免登记公益性社会团体(人民团体)和一般公益性社会团体;对于互益型组织,则按照其所体现的经济社会关系的性质,分为互益性社会团体和互益性经济团体(行业协会、商会)。对于非会员制组织,首先根据组织的活动类型与功能,将其分为基金型组织和实体型组织。其中,基金型组织是以基金形式存在并主要通过接受捐赠、运作项目或提供资助开展公益活动的组织;而实体型组织则主要通过自身的运作与经营,直接开展各种公益服务。这个分类已得到我国广大学者的认可,如图1-1所示。

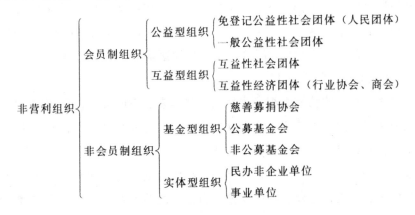

图1-1 我国非营利组织的基本分类

任务四 分析非营利组织的地位与作用

情境导入

2014年8月3日16时30分云南鲁甸发生6.5级地震。地震发生后,我国非营利组织快速应急,活跃在灾后救助第一线。如壹基金随即派出十多支经过训练的民间救援队,开展生命救援工作;中国青少年发展基金会联合全国37家地方青基会启动驰援云南昭通"希望工程紧急救灾助学行动";中国扶贫基金会于8月3日紧急启动"人道救援——云南鲁甸人道救援行动",派出紧急救援队携带紧急安置物资100个救灾保障箱赶赴云南昭通巧家、鲁甸建立中国扶贫基金会人道救援前线救援办公室，开展生命搜救、灾情及需求评估，并分别紧急捐赠、采购和运送了粮油、帐篷、衣物、棉被等物资。

据统计，地震发生后，有70多个非营利组织先后奔赴灾区，根据各自的业务特点，开展不同内容的救助服务，构成了多层次、多领域的民间救灾景象。

任务目标

（1）非营利组织在重大自然灾害救助过程中有哪些作用和功能？
（2）根据上述案例，思考非营利组织在灾害救助过程中的优势和劣势。

知识链接

根据萨拉蒙主持的、在全球42个国家开展的非营利组织国际比较研究项目提供的数据，世界上几乎所有的国家，都存在着一个由非营利组织组成的庞大的非营利部门，这个部门的平均规模为：占各国GDP的4.6%，占非农业人口的5%，占服务业就业人口的10%（相当于公共部门就业人口的27%）。在一些发达国家如荷兰、爱尔兰等，非营利部门占其GDP及非农业人口的10%以上。[①]

改革开放以来，我国非营利组织稳步发展，整体素质不断提高。非营利组织作为与政府、企业并列的第三部门，近年来在激发社会活力、促进社会公平、倡导互助友爱、缓解就业压力、反映公众诉求、推进公益事业、化解社会矛盾、解决贸易纠纷、促进科教兴国等方面发挥了很好的作用。实践证明，非营利组织已经成为党和国家联系人民群众的桥梁和纽带，成为推进国家现代化建设的一支重要力量。党的十八届三中全会强调：创新社会治理，必须着眼于维护最广大人民根本利益，最大限度增加和谐因素，增强社会发展活力，提高社会治理水平，维护国家安全，确保人民安居乐业、社会安定有序。要改进社会治理方式，激发社会组织活力，创新有效预防和化解社会矛盾体制，健全公共安全体系。

非营利组织的作用主要体现在以下三方面。

一、提供服务

提供服务主要是指非营利组织能够为其成员、社会提供满足一定公众需求的服务。任何一个非营利组织的产生，都是部分公民、组织为了满足其共同的服务需要或服务愿望而自愿组成的。能否提供特定的服务，也是非营利组织能否生存、发展的基本依据。按照宗旨、章程要求，提供相应的公共性、非营利性服务，是现代社会对非营利组织的基本要

---

① 王名.非营利组织管理概论[M].北京：中国人民大学出版社，2010：11.

求。非营利组织必须以服务为天职，切实代表好和维护好特定群体、会员的合法权益和共同利益。同时，非营利组织可以利用自身在机制、资源、人才等方面的优势，在公共服务的提供上对政府、市场机制发挥拾遗补阙的作用，在政府和市场所不能或不愿做的领域提供社会服务，积极参与市场解决不了、政府力不从心的一些社会问题的解决。在建立社会主义和谐社会的进程中，我国政府逐步向公共服务型政府转变，因此非营利组织还可以通过接受委托、参与招标等方式承接一些社会管理和社会服务职能。实践证明，非营利组织在满足特殊群体、弱势群体需求，解决社会问题方面具有独特的优势。

二、反映诉求

反映诉求主要是指非营利组织能够实事求是地、通过合法渠道反映特定群体的利益和诉求。非营利组织以组织成员的共同利益为存在基础，维护组织的共同利益从而达到维护成员利益的目的，是制度化反映利益诉求的重要组织形式。非营利组织在日常工作中，紧密联系公众，了解社会各阶层的不同需求，并将来自民间单个的资源与能量汇聚起来，形成一种团体的诉求：一方面，通过有组织的社会动员和社会参与，能帮助其成员实现人生的社会价值或更广泛的公益价值。另一方面，为人们的利益表达提供了多种合法渠道，进一步保障公民利益。此外，非营利组织还具有智囊团、思想库的功能，通过与政府有关部门沟通协调，参与涉及相关领域的决策、立法的论证咨询，为政府关乎国计民生的宏观决策与微观政策提供必要的智力支持和事实依据。非营利组织通过合法渠道对表达利益诉求进行规范，在保障秩序的前提下参与社会问题的解决，可以减少公众自发行动给社会带来的对立、排斥、冲突，促进整个社会变得更加成熟、理性。通过非营利组织，民众参与社会生活的范围和深度将进一步扩大，有利于政府与民众之间的相互沟通、协调和融合，有利于促进社会的和谐发展。

三、规范行为

规范行为主要是指非营利组织通过加强自律、倡导诚信等，引导公平竞争，促使公众按照正确的政治方向，遵守国家法律法规，实施自身经济社会行为，参与到和谐社会建设中去。一方面，非营利组织可以以桥梁纽带的身份把党和国家的方针政策上情下达，推进不同群体的利益协调和对话，通过行业自律、公共道德等方式规范、约束公众行为。另一方面，非营利组织可以通过对志愿精神、非营利原则的践行，引导、推动公民主动参与社会公益和志愿者的活动，倡导合作、信任、互惠、公民参与以及社会福利的公民意识和公民道德，宣传对社会要肩负起码的道德责任并自助、互助和助他，成为一个公民学习和接受社会主义核心价值观的重要课堂，为社会主义精神文明建设注入新的活力，为构建社会主义和谐社会，实现中华民族伟大复兴中国梦奠定良好的精神基础。

非营利组织提供服务、反映诉求、规范行为三项作用是有机统一的，提供服务是前提，反映诉求是基础，规范行为是根本。只有三个方面的作用有机结合，非营利组织才能在推进社会建设、管理体制创新和构建和谐社会中发挥积极作用。此外,王名认为社会组织在社会管理中具有资源动员、社会服务、社会治理和政策倡导等功能。①

拓展训练

2008年5月12日,四川汶川发生里氏8.0级特大地震。地震带来的生命、财产的巨大损失,举国悲痛,举世震惊。中国政府紧急启动了救灾机制,广泛动员、大力支援。与此同时,一批非官方组织格外引人注目,这些组织的一举一动都彰显着推己及人的价值情怀,它们的作用在救灾和重建过程非常重要。它们来自四面八方,甚至天涯海角,它们拥有着不同的能力,但都有一个共同的名字——非政府组织(NGO)。NGO的志愿者们急灾区之所急,解灾区之所难,不顾个人安危,争分夺秒深入灾区,积极开展救治救助、伤病护理、心理调适、卫生防疫、物资配置、秩序维护等工作。

新华社在2008年5月26日使用了长篇特稿进行报道,题目是"大地震展示了中国NGO正增长的实力"(Giant quake proves Chinese NGOs' rising force)。这充分说明NGO在参与灾害救助中发挥的作用得到了政府的认可与肯定。

问题:汶川大地震对我国非营利组织的发展有何影响?

---

① 王名.社会组织概论[M].北京:中国社会出版社,2010:21.

非营利组织发展的国际视野

项目概述

本项目主要介绍国外非营利组织的产生、发展、历史演变过程及当今世界不同国家（地区）非营利组织的发展状况。通过该项目的学习，重点掌握西方各国非营利组织产生的历史渊源，了解其发展与演变过程，理解国外非营利组织在每个不同阶段的发展特点，并且认识世界上主要国家（地区）非营利组织的发展状况。

引 言

通过前面的项目一，我们学习到非营利组织是对应于政府、企业的第三种基本的社会组织形式，目前各个国家（地区）的非营利组织活动遍及现代社会生活的各个方面，包括经济、文化、卫生、权益保护等，非营利组织已成为现代社会不可或缺的组成部分。那么，非营利组织这种基本的组织形式从何而来？经过了怎样的发展历程？当今世界主要国家（地区）的非营利组织发展情况如何？这些问题将在本项目中一一得到解答。

任务一 了解非营利组织在国外的发展历程

情境导入

自2012年6月开始，连场暴雨令中国多个省份饱受洪涝之灾；3个月内约有6 180万人受影响，464万人紧急转移，近520万公顷农田受浸，令农作物严重失收。宣明会到访多个乡镇勘察灾情，发现灾民最忧虑的便是绝粮威胁，遂向受灾最严重的其中两处——江西省吉安市和广东省连南县，共派发近19.6万公斤大米，惠及超过1.3万人。

在赈灾阶段，宣明会已迅速响应灾民的燃眉之急，派发他们被洪水冲走的生活必需品，如个人卫生用品，以及棉被、帐篷、灶具等，帮助他们在失去家园后能尽快安顿生活。8月底，宣明会先在广东北部的连南县派发大米，其中在贫困的三排镇派发了大米3万公斤，惠及2000名受灾村民。

宣明会综合事工质量总监简棋伟到吉安市参与大米派发，并期望此次派发的大米不单能实际帮助灾民，更能向他们传递关爱。"捐款人大都不认识大家，但是看到水灾的新闻后都纷纷捐出善款，希望通过宣明会给予援手。今天我们借着大米把他们这份付出的精神带给大家，希望发扬互爱的精神，共建和谐社会。"

很多孩子因为突然而来的灾害和改变身心都受到了影响。宣明会关注他们的需要，在大米发放现场举办了儿童天地，给予孩子一个有秩序而安全的玩乐场所，纾缓他们的不安；同时教导他们防减灾知识，帮助他们学习在日后可能发生的灾害中怎样保护自己。

其中，一次在江西举办的儿童天地中，宣明会策略管理支持部门总监李天亮与孩子们打成一片。"灾难对很多孩子来说都会留下一定的心理伤害。看到一班5～10岁的受灾儿童原本不太习惯，却很快因为游戏而热情地投入其中，带着愉快的心情离开，宣明会所有工作人员都为之感到欣慰。他们的家长看到孩子重拾笑容，也感到如释重负。我们衷心希望孩子们可以尽快从灾害的阴影中走出来。"

（资料来源：世界宣明会中国网站 http://www.worldvision.org.cn）

任务目标

根据上述情境，查询资料并讨论以下问题：

（1）为什么宣明会要帮助素不相识的灾民？宣明会是一个怎样的组织？
（2）宣明会是如何发展起来的？它的工作对象和工作领域是什么？
（3）宣明会在中国开展或参与了哪些主要项目？

知识链接

作为一支活跃在现代社会生活中的强大力量，自20世纪80年代以来，非营利组织在全球范围内得到了迅速的发展。萨拉蒙在《非营利部门的崛起》一文中说道："我们正置身于一场全球性的'结社革命'之中。历史将证明，这场革命对20世纪后期世界的重要性丝毫不亚于民族国家的兴起对于19世纪后期世界的重要性。其结果是，出现了一种全球性的第三部门，即数量众多的自我管理的私人组织，他们不是致力于分配利润给股东或董事，而是在正式的国家机关之外追求公共目标。"[①]

---

① Lester M. Salamon. The Rise of the Nonprofit Sector, Foreign Affairs[J], 1994, 73(4): 109.

基于对42个国家的分析，萨拉蒙发现非营利组织的平均规模大约是：经济贡献占各国GDP的4.6%，就业人口占非农就业人口的5%、占服务就业人口的10%，相当于公共部门就业人口的27%。而在一些发达国家，如荷兰、爱尔兰等，非营利部门经济贡献占到其GDP、就业人口占非农就业人口的10%以上。

可见，非营利组织在社会经济活动中发挥着较为重要的作用，已成为各国社会经济体系中的重要组成部分。在欧美发达国家，以民间慈善组织和志愿组织为代表的非营利组织有着悠久的历史传统。

一、国外非营利组织的历史渊源

在西方国家，非营利组织作为社会组织的基本形式之一，起源于慈善工作，特别是其中从事慈善事业的基金会这种公益形式，其存在历史可以追溯到以资本为主体的社会制度出现以前，同基督教的"感恩""回馈"等价值观念有密切的关系。

自古以来，基督教就有一种契约观：个人对正义、和平和集体福祉负有不可推卸的责任。基督教鼓励人们要对穷人慷慨，它要求教徒尽力周济穷人。在近代资本主义产生以前，基督教组织在救济穷人、帮助病者、关照老人儿童等公益事业中扮演着重要的角色，至中世纪时期，基于基督教会而发展起来的慈善事业已经影响广泛。

早期出现的非营利组织带有两种倾向，第一是与权利斗争相关，随着16、17世纪圈地运动的扩展，资产阶级和自由产业工人队伍逐渐形成，资产阶级新贵族寻求独立自主的经济自由和个人自主空间，要求结盟，反对专制统治；失去土地的农民和产业工人，受到剥削压迫，也频频掀起社会运动，并逐渐建立起各种自发的组织。这些与政治权益相关的非营利组织雏形也是资本主义的个人权利、自由、民主、自治等价值取向的反映。另一种倾向是慈善和民间公益的发展。英国在1601年就颁布了《慈善法》和《济贫法》，鼓励开展慈善救济等社会公益活动的非营利组织的发展，美国在独立战争前便有非营利组织的传统，如哈佛大学、新泽西大学（普林斯顿大学）等著名大学均创设于17世纪。

可以认为，早期非营利组织的出现，是国家主导的社会秩序衰落，资产阶级寻求独立自主的经济自由和公民自治空间向国家分权的产物。其产生原因首先是17世纪英国的资产阶级革命实践了民主、共和的理念；其次是18世纪60年代开始于英国的工业革命，使得资本主义作为一种基本的生产方式和社会经济制度逐渐走向成熟，营造了非营利组织产生的经济基础和制度土壤；另外，在理念渊源上，基督教超越世俗国家而构成的双重中心的权力结构很早就在西方社会里埋下了权力分立、有限国家的理念种子，宗教慈善也是西方慈善精神与公益传统的基础。

二、由传统慈善向公民慈善转型的非营利组织

文艺复兴与宗教改革以后，许多慈善机构脱离了教会的管理和控制，转入世俗社会，同时脱离教会支持的慈善机构不得不重新考虑资金运作机制，私人慈善逐渐发展。17世

纪后期到18世纪，随着资本主义的产生和发展，个人自由的经济空间和社会自治的要求不断增长，作为"国家"政治秩序之外的公民自治组织的经济、社会生活秩序逐渐显现。这些独立于宗教、国家秩序的公民志愿组织即今天非营利组织的雏形。

工业革命对19世纪的科学发展及社会变迁产生了极为重要的影响，由于圈地运动和农业技术的改良导致乡村许多剩余人口大举移入都市，欧洲主导的资本主义经济的世界大规模贸易，使得城市和工厂能够吸收这些大量人口。19世纪初期，由于资本主义的周期性经济危机，也由于当时没有政府提供的任何保障，许多工人在因经济危机而失业的情况下过着食不果腹的生活，社会贫民数量剧增，以募捐济贫为目标的慈善非营利组织纷纷建立，主张改善穷人生活，免费提供粮食及住所。但是各组织缺乏联系，步调不一，十分混乱，急待协调。为此，一位英国牧师亨利·索里（Reverend Henry Solly）于1869年在伦敦成立了"组织慈善救济及抑制行乞协会"，后来易名为"慈善组织会社"（Charity Organization Society），作为中心管理及联系机构，主持救济分配工作。1877年，一位曾到英国考察慈善组织协会的美国牧师韩福瑞·哥尔亨（Rev. S. Humphrey Gurteen），在纽约布法罗建立了美国的第一个慈善组织会社，沿袭其工作模式。其后，以有效济贫、协调各救济机构为目标的慈善组织会社运动风行英、美各国。在这场运动当中，社会工作由于对贫困者进行专业化的社会调查而开始带有专业性。[①]

1884年，英国人巴纳特（Canon S. A. Barnett）在伦敦创建了世界上第一个社区分社——今天遍布全球的社区服务中心的前身，名字叫汤恩比馆（Toynbee Hall，该馆作为纪念物，至今矗立在伦敦），用以纪念一个名叫汤恩比的热忱济贫的志愿者。它以纪念汤恩比的名义，在社会工作史上首次号召知识青年要志愿为贫民服务。

这两类组织除救济贫民、协调各慈善机构外，还开创了社会工作的基本方式和方法。作为一种组织创新模式，这两类机构迅速推广到欧洲和北美各国。

不仅社会福利服务领域，现代资本主义工业在带来工业化、城市化和大量的移民的同时，也产生了教育、公共健康、住房等各种社会问题。适应社会需要而诞生的现代公民慈善组织，将主要的活动集中于这些领域。

例如，在19世纪的英国，出现了一大批关注教育的慈善基金，有的基金甚至拥有数千捐助人。它们均从事对学校和学生进行的教育资助。

这些蓬勃发展的慈善团体标志着慈善工作走上了组织建制的道路。慈善不再仅仅建立在简单的利他主义基础之上，它还在探讨一种有助于解决社会问题的科学方式。

三、转型和不断发展中的非营利组织

第二次工业革命中，大量新技术、新发明被用于工业生产，迅速提高了生产力，促进了资本主义经济的快速增长，西方主要的资本主义国家进入帝国时代。机器生产取代了手

---

① 石秀雄.福利、福利行政[M].台北：三民书局，1981：83-87.

工操作，出现了大批的失业工人。同时，资本家为了赚取更多的利润，采取了降低工人工资、增加劳动强度、延长劳动时间等手段。为了反抗资本家的剥削和压迫，西方国家开始出现工人的反抗斗争，涌现了许多致力于社会变革和社会改造的工人团体。1881年6月，伦敦的一些激进团体联合组成民主联盟，为英国工人争取独立劳工代表权而斗争。1883年俄国工人成立了劳动解放社，它是俄国工人运动同国际工人运动交流经验、加强团结的纽带。在第一次世界大战中，为缓和国内矛盾，英、法等国政府都设立了劳工部，请工会工作者和社会民主党头面人物当部长。英国在各产业部门还设立了由政府代表主持并有雇主及工人代表参加的委员会，共同解决各种劳工问题。法国军工部长阿尔贝·托马（社会党人，后来成为国际劳工局的第一任局长），在国防企业中成立了350多个工人代表团，参与有关劳工问题的决策。

现代资本主义大工业的兴起，大富豪的财富也给私人慈善注入了新鲜血液。19世纪末期，随着欧洲和北美工业化及城市化的推进，财富日益集中到一部分成功的企业家手中。一开始他们沿用传统的慈善信托的方式，通过个别委托人向慈善机构捐赠。但是，这种委托的方式是保密的，只建立在个别信任的基础上，只算委托人与受委托人之间具有的法律效力的契约，而不是一个组织。在19世纪的最后10年，一批受慈善思想影响的工业巨头，开始考虑依靠慈善传统和历史悠久的慈善信托法律框架，创造一种公司形式的慈善基金会，又称现代基金会。他们的努力在20年后获得了重要成果，1910年，洛克菲勒基金会获得了联邦许可证，1911年，卡内基基金会创立。之后，美国人的这一组织创新模式被全球的富豪们效法，除了英国及原属英国殖民地的部分国家之外，以个别零散的、目标狭窄且神秘化的信托方式所进行的慈善捐赠大体上被现代基金会模式所取代。现代基金会遍布全球，仅20世纪的美国，在不到100年间，它就从几个发展到4万个。

现代基金会使慈善机构不再依托信托形式而成为公司化的法人实体，其法律依据为《公司法》。将公司的组织形式用于慈善机构的设立，不仅在当时而且已经被历史所证明，的确是一个伟大的制度创新。它彻底改变了慈善的传统组织模式，使捐赠出去的私有财产既保持其私有属性，又具备法人治理结构的特征。理事会或董事会负责决策，从而使捐赠人能够在外界环境发生变化时，"赋予受托人及其继任受托人具有重新界定慈善机构目标的责任"。这样的组织形式不仅适用于基金会，而且适用于一切愿意采用法人治理结构的非营利机构，包括医院、大学、养老院、研究院等。与老式的基金会不同，这些新的基金会有明确的目标。其管理方式是私有性的，而其使命却是服务公众利益，他们可以使用所掌握的庞大受托财产去建立或支持其他机构。

自19世纪90年代以来，捐赠人及其顾问们在慈善事业管理方面进行了一系列制度上的试验。他们建立了许多机构，设置很多特殊基金，成立了理事会、委员会。[①]

---

① James Allen Smith. The Evolving Role of American Foundation[M]. in Charles T. Clotfelter & Thomas Ehrlich, ed., Philanthropy and the Nonprofit Sector in a Changing America. Bloomington Indiana: Indiana University Press, 1999: 37.

以服务公众为使命，现代基金会实现了组织宗旨和组织形式的社会化，从而重塑了现代非营利组织的慈善精神或社会公益精神。

19世纪末至20世纪初，西方各国的资本主义民主政治建设基本成形，市场经济也为人们普遍接受，国家和市场成为满足人们利益需求的两大机制，传统的社会组织形式和公益方式也开始变化：人们开始通过结社自由在市场交换和国家提供的公共物品之外寻求更好地满足自身利益的方式。但是，这个过程也比较长。

首先，西方的治国理念经历了从放任主义到凯恩斯主义①的转变。这个转变一方面是由于发达资本主义国家的政府认识到市场失灵的存在，另一方面是出于维护社会稳定的需要。市场这个"看不见的手"作为高效率配置资源的一个有效机制，在很长时间内受到资本主义国家的追捧。但是，19世纪末期开始不断出现的经济危机和由此引发的世界大战使资本主义国家的政府认识到市场的缺陷，从而开始承担起补充市场不足、提供社会福利的职责，凯恩斯主义大行其道。

其次，随着救助弱者成为国家的职能，这时的公益事业开始真正转向对公共生活如教育、科研的关注。以教育为例，在以市场规则运作的"教育产业"和国家主办的"教育事业"之间"仍有很大的空缺需要第三种力量来填补"，于是，该领域非政府组织的出现和繁荣就不足为奇。有别于基督教慈善传统的新的以志愿行动为特点的公益组织出现了。20世纪50年代，英国的拿但委员会（Nathan Committee）在论及公共福利时认为福利国家提供了从摇篮到坟墓的福利，传统的慈善寿终正寝。该委员会尽管不确定这些新的公益组织或者既有的公益组织能够承担什么新的社会责任，但把它们视为现代国家中某种开创性的先锋，由此将非政府组织的发展推到了新的阶段。

拿但委员会接着论证了旧慈善的终结意味着新慈善运动的兴起，也就是志愿服务与国家服务相配合，以志愿者的努力来补充福利国家制度。"志愿部门不像政府部门，它有自由去进行试验，能成为开创性的先锋，而国家可以接着干——如果这种开创被证明是有益的话。"只有建立在这种让NPO自由补充基础上的社会，才能"找到一种方法，使过去的善心能够更自由地服务于现实变化了的新需求"②。

在这种社会观念的指引下，英国的NPO部门调整了组织结构和活动方式，在医疗卫生领域大幅度收缩，而在其他领域特别是教育、文体休闲和社会服务方面继续发展。在欧美发达国家，非营利组织的数量开始明显增多并且活动范围不断扩大，对社会经济发展的影响不断增强。

第一次世界大战和第二次世界大战期间，出现了许多慈善救济组织和志愿者组织，与当时已经创立的国际红十字会一起积极为战争受害者提供人道主义救援与保护，国际非营

---

① 凯恩斯主义（也称"凯恩斯主义经济学"）是建立在凯恩斯的著作《就业、利息和货币通论》的思想基础上的经济理论，主张国家采用扩张性的经济政策，通过增加需求促进经济增长，即扩大政府开支，实行财政赤字，刺激经济，维持繁荣。

② N. Aleey. From Chantry to Oxfam: A Short History of Charity and Charity Legislation, London: 1995: 28-38.

利组织也是在这个时期开始崭露头角。

四、非营利组织的广泛发展

第二次世界大战以后，伴随着工业化的快速发展，许多国家和地区的中产阶级迅速崛起。中产阶级有强烈的民主、自由、平等以及法律意识，关心公共权力的运用，给传统政治的社会基础带来很大冲击。同时，公民在满足自我基本生活需求之后，也开始有意愿加入非营利组织。随着环境危机的加深，一些国家和地区的公民开始对政府的表现感到失望，渴望自己组织起来，自主解决问题。许多国家和地区包括发展中国家都涌现出大量的非营利组织，参与的人员也遍布社会各个阶层。20世纪70年代以来，非营利组织在全球范围内得到了空前的发展。从欧美发达国家到亚非拉的发展中国家，非营利组织数量都呈现出惊人的增长势头。

"广泛性"是这一时期非营利组织发展的重要特征，这种特征体现在两个方面：一是发展中国家的NPO在本国成为重要的社会力量；二是发达国家的NPO大量介入国际事务，逐渐成为国际非营利组织，标志着非营利组织向全球进行扩展。

发展中国家NPO的崛起具有政治、经济、文化等方面的因素。第二次世界大战之后，许多原殖民地国家独立；20世纪60年代和70年代早期发生了全球性的经济增长，为第三世界国家造就了颇具规模的中产阶级；70年代至80年代兴起的通信革命，将全世界包括最偏僻的地方都连在一起；同时第三世界成人教育水平和识字率有了显著提高，这些因素都使得民众的组织和动员比以往容易得多，为发展中国家NPO的发展提供了大量空间。

在菲律宾，从1984—1993年，登记的非政府组织的数量增长了148%，达到5.8万个，是同期私人营利组织增长率（65%）的两倍。在肯尼亚，这个数量从1978—1987年增长了184%。到20世纪90年代初，巴西已有大约11万个非政府组织，位居世界第一。印度位居第二，超过10万个，匈牙利、波兰、罗马尼亚、越南都涌现出一大批具有很强的独立性的非营利组织。由以上数据可以看出20世纪后期发展中国家的非营利组织在亚洲、非洲和拉丁美洲都得到了迅速的成长。

自20世纪60年代开始，美国的各大基金会与世界银行和美国国际发展署密切配合，在亚非拉各国大规模地发展高等教育，70年代它们将重点转向非正式教育，并且资助当地政府和有关机构制订发展计划。

由于现代社会许多问题超出了国界，而合作一旦超出民族国家的范围，就不可能只有一种标准。例如，发展问题，一国的发展战略可以做到总体上的经济最优化，但是不可能实现民族国家之间的均衡发展。政府的机制、市场的机制都从来没有面对过这样具有多重标准多个答案的大量的新问题。面对这类新的社会需求，国际非营利组织大量诞生了，成为推进国际合作最积极、最有活力的组织。

这些组织大都成立于发达国家。它们大都自成立之日起就宣称要从事国际援助，投身海外发展。它们之中，最先放眼国际的是慈善类组织。例如，1919年在英国成立的救助儿童基金会，原来的使命是帮助在战争中失去父母的孤儿，第二次世界大战后扩展到为发展中国家的儿童谋取福利。更多类似使命的组织在第二次世界大战后涌现出来。其中较为典型的是乐施会（Oxfam）。它于1942年成立于英国的牛津市，乐施会的英文名字Oxfam来源于两个英文单词Oxford（牛津）和Famine（饥饿、饥荒）。乐施会起初主要参与海外紧急援助，随着时间的推移，它的注意力更多地集中在长期发展项目上。这类组织为了取得长远效益，一般都致力于在发展中国家建立办事机构，以形成工作网络。

第二类是一些会员组织。它们开始以互惠、互益为目标，资金全部来自成员自愿捐赠（不光是会费），后来也走上援助贫困人群的慈善道路，并开始进行社会募捐，逐渐演化为具有公益性的慈善资助社团。

第三类致力于海外发展的组织是联合性的支持类组织。它们在NPO全球化进程中发挥了重要作用。这类组织大多数在美国，都是成员组织，但其目的不仅仅是为了维护成员的利益，而是着眼于促进全球性非营利事业发展的广阔前景。

1972年，在瑞典首都斯德哥尔摩召开了联合国人类环境大会，其间，举行了历史上第一次非政府组织的国际会议——"环境NGO论坛"。这是一次划时代的会议，它标志着非营利组织开始积极介入国际重大事务的决策，成为国际上的一支重要力量。

五、非营利组织的现状

自20世纪后期开始，非营利组织在世界范围内得到蓬勃发展。正如萨拉蒙所描述的，"有组织的志愿性活动在全球范围内的开展和民间的、非营利的或非政府组织在世界各地的建立，正在如火如荼地进行之中。从北美洲、欧洲和亚洲的发达国家到非洲、拉丁美洲、以原苏联为首的原社会主义阵营中的发展中国家，人们都在建立各种社团、基金会和类似的机构以提供各种公共服务，促进基层经济发展，遏制环境恶化，保护公民权利和追求其他上千种先前未曾给予关注或留给国家去完成的目标"①。

20世纪80年代，在以美国、加拿大为代表的西方国家，非营利组织开始呈蓬勃增长之势，目前已覆盖了社会服务、医疗健康、公共安全、教育和研究、环境与动物保护、文化艺术、体育竞赛、扶贫和弱势群体保护、宗教事务等非常广泛的社会领域。截至2010年年底，美国大约有150多万个免税组织，英国大约有70多万个志愿组织，法国大约有60多万个NPO。虽然发达国家的NPO有悠久的历史，但是，这些NPO大多数是近几十年来新成立的，其中，20世纪七八十年代以后出现的非营利组织占了很大比例。

不仅在发达国家，20世纪80年代以来，发展中国家NPO的数量也呈现出快速增长的趋势。1984年，菲律宾有2万多个NPO，1996年增加到7万多个。在印度尼西亚，1985年，正式登记的NPO为1 810个，1990年上升到6 000～7 000个。在土耳其，过去30年中，仅基金会就新成立了约3 600家。

---

① Lester M. Salamon, The Rise of the Nonprofit Sector, Foreign Affairs [J], 1994, (4): 109-122.

经过近30年的发展,非营利组织已经成为全球重要的社会和经济力量。非营利组织不仅为人类提供了大量的社会服务,维护了社会的道德与价值,促进了社会的公平与和谐,而且在政府官员最关注的经济发展和创造就业机会方面也扮演了越来越重要的角色。

根据美国约翰·霍普金斯大学全球非营利组织比较项目的调查结果,全球非营利组织的总支出占GDP的比重不断上升。1995年22个国家的平均值为4.6%,到2000年,根据36个国家的调查数据,平均值已经上升到5.4%。

从法国、德国、荷兰和英国的调查数据来看,这4个国家新增加的就业岗位有40%是由非营利组织提供的。在传统的工业、农业和服务业提供就业机会越来越少的情况下,非营利组织在增加就业机会方面却一枝独秀。

从另一个角度来看,近年来,全球非营利组织的发展也呈现出一些新的特点。

(1) 从第一代NPO过渡到四代NPO并存。第一代NPO主要致力于传统的扶贫济困;第二代NPO致力于在扶贫济困的同时,助人自助与推动社区可持续发展;第三代NPO致力于某项政策的倡导;第四代NPO致力于推动社会的体制改革与制度变迁。

(2) NPO分化为基层组织与基层支持性组织,并形成纵横交错的基层组织网络、基层支持性组织网络和综合性网络。

(3) 随着NPO之间的竞争,以及这些竞争的日益激烈,NPO也出现了整合、联盟的趋势。一些老牌、知名的NPO不断扩张,形成遍布全球的伞状型组织。

(4) 基金会的影响力越来越大,成为推动社会变革与进步的引擎。特别是在美国,这一趋势更为明显。

(5) 跨国NPO在推动全球发展过程中,扮演了越来越重要的角色。

(6) 宗教背景的NGO由于在公信力、筹款等方面具有优势,发展更为迅猛。

(7) 为了增强组织可持续发展的能力,服务收费的收入占NPO总收入的比重正日益提高。

任务二 剖析主要国家非营利组织的发展状况

S 情境导入

世界自然基金会(World Wide Fund for Nature or World Wildlife Fund,WWF)是世界最大的、经验最丰富的独立性非政府环境保护机构,在全球拥有520万支持者以及一个在100多个国家活跃着的网络。从1961年成立以来,WWF在6大洲的153个国家发起或完成了约12 000个环保项目。WWF通过一个由27个国家级会员、21个项目办公室及5个附属会员组织组成的全球性的网络在北美洲、欧洲、亚太地区及非洲开展工作。

WWF在中国的工作始于20世纪80年代的大熊猫及其栖息地的保护工作,1980年,作为第一个受中国政府邀请来华开展保护工作的国际非政府组织,WWF在中国卧龙自然保护区开展了第一个大熊猫保护研究项目,并出版了世界上第一本大熊猫专著《卧龙的大熊猫》,引起了全世界对中国这一特有珍稀物种的广泛关注。随后,WWF与国家林业局合作开展了两次全国大熊猫种群和生存状况调查,为大熊猫保护和自然保护区规划与建设提供了完整的资料,并协助国家林业局制定了"中国保护大熊猫及其栖息地工程"。三十年来,WWF的大熊猫保护战略从最初单纯的物种保护,逐渐拓展为以大熊猫栖息地为核心的生态系统保护,保护方式也从分散的项目扩展为涵盖所有大熊猫栖息地的整体景观保护。针对目前大熊猫所面临的威胁,WWF在四川、陕西、甘肃三省开展大熊猫及其栖息地保护项目,以促进栖息地有效连通和种群恢复,与此同时,对森林、草地、湿地等功能性生态系统和相关的主要物种进行系统性的保护。

1996年,WWF正式成立北京办事处,此后陆续在全国九个城市建立了办公室。发展至今,项目领域也由大熊猫保护扩大到物种保护、淡水和海洋生态系统保护与可持续利用、森林保护与可持续经营、可持续发展教育、气候变化与能源、野生物贸易、科学发展与国际政策等领域。自从1996年成立北京办事处以来,WWF共资助中国开展了100多个重大项目,投入总额超过3亿元人民币。

任务目标

查找相关资料,进行思考讨论:
(1) WWF是如何成长发展起来的?
(2) WWF的活动主要集中在哪些方面?你能说出一两个WWF主持的项目吗?
(3) WWF的发展对我国非营利组织的成长和发展有什么样的启示?

知识链接

随着传统社会向现代社会的转变,非营利组织获得了充分的发展空间,在世界范围内,非营利组织兴起的浪潮汹涌澎湃。20世纪见证了非营利组织在发达国家或地区的繁荣,也见证了非营利组织在发展中国家或地区的出现和成长。在新世纪,随着非营利组织全球化的发展,发达国家或地区和发展中国家或地区的非营利组织必将迎来一个更好的时代。下面将给大家介绍一些当前世界主要国家和地区的非营利组织的规模、构成和发展状况,使大家认识非营利组织在这些国家和地区的社会、经济、文化发展中发挥的作用。

一、英国的非营利组织

英国有着悠久的志愿工作传统,早在12—13世纪,英国就出现了约500多家民间志愿性的公益慈善组织。1601年,英国颁布了世界上第一个有关民间公益组织的法规——《慈善法》。该项法规不仅划定了慈善组织的范畴,强调了这类组织所具有的公益性、慈善性和民间性等原则,而且提出了政府鼓励和支持民间慈善事业的法定框架,给出了进行各种形式的社会募捐以筹措公益资源的法律依据。英国是非营利组织发展程度最高的国家之一。

据英国慈善委员会统计,至2001年年底,英格兰及威尔士地区共有188 116个团体登记立案,其中有27 338个为附属分支机构,因此,英格兰及威尔士地区至2001年年底共有160 778个主要的慈善团体,其年度总收入共为267亿英镑。在非营利组织中,慈善组织是英国大部分志愿组织采用的法律形式。到2005年,英国全境按照《慈善法案》登记的慈善组织大约有25万个,加上社区组织和其他非慈善形式的组织,英国大约有75万个志愿组织。2006年,修订后的《慈善法案》将登记门槛由1 000英镑调整为5 000英镑,并取消了固定捐赠或拥有土地这一条件,按照《慈善法案》登记的慈善组织数量减少为19万个。这19万个慈善组织年收入总计超过400亿英镑,资产更是超过700亿英镑,拥有60万名全职雇员和92.5万个理事职位。从规模上看,英国的非营利组织规模仅次于美国,居世界第二位。

英国法律中关于"慈善性"的解释包括济贫、教育、宗教和公益四大类,就其功能而言,英国的慈善组织可以分为四类。

(1) 服务型组织,如托儿所、学校、医院、法律援助中心等。

(2) 互助型组织,如"嗜酒者互戒协会"以及教育、保健、休闲等方面的社区组织。

(3) 压力型组织,如"儿童贫困行动""牛津饥荒救济委员会"等,它们往往以游说等方式对公共政策的制定者施加影响。

(4) 中介型组织,如"全国志愿组织理事会""慈善援助基金会""全国青年社""住房协会全国联合会"等。

英国的非营利组织在教育、文体休闲、社会服务这三个领域中最为活跃。教育投入占非营利组织总支出的42%;文化娱乐业支出占非营利部门总支出的21%,其中很大部分用于社团组织、休闲俱乐部及体育事业。非营利组织在社会服务、国际救助以及为工薪阶层提供住房等方面扮演重要角色。

英国非营利组织收入的显著特征是平衡发展。英国非营利组织的收入,约一半来自服务收费。文体休闲组织和专业团体的活动在很大程度上靠收费支撑。英国私立大中小学校收入的近67%来自政府拨款,而不是靠私人资助,整个英国的非营利组织收入的40%来自政府拨款,所以政府拨款与服务性收费收入占英国非营利部门总收入的近90%,民间捐款只占10%,民间捐款最集中的领域是环境保护、动物保护、医学研究、儿童福利、贫困救济等。

二、美国的非营利组织

美国的非营利组织通过提供教育、培训、咨询、扶贫济困等各类服务,在满足公民需求方面举足轻重，是美国社会中一支重要的文化、社会和经济力量。

美国的非政府组织在20世纪50年代约有5万个，据美国国家慈善统计中心（NCCS）、基金会中心和美国劳工部的统计数据显示，截至2012年6月，在美国财政部国内收入署（IRS）获得免税资格的非营利组织超过156万个。其中公共慈善机构约有96万个，私人基金会有9万多个，还有49多万个其他类型非营利组织，是世界上非营利组织数量最多的国家。

美国的非营利组织可以分为两大类：会员性组织和公益性组织。

会员性组织是人们为维护共同利益或追求共同兴趣而成立的组织，它们存在的主要目的是为其成员提供服务。会员性组织主要包括以下几种类型。

（1）业主及专业组织，包括商会、贸易协会、律师协会、雇主联合会、工会、银行家协会等。

（2）社交联谊组织，包括业余爱好者俱乐部、房主协会、兄弟会、姐妹会、退伍军人协会等。

（3）互助合作组织，包括法律援助团体、教师退休基金、硅肺病患者救助信托基金、互助保险公司、信用合作社、农业合作社等。

（4）其他类组织，包括政党、所有权凭证管理公司、依据国会法设立的公司等。

公益性组织又可分为资金中介组织、宗教组织、服务组织和政治行动组织等。

基金会作为资金中介组织的一种形式，是最为引人注目的组织，如举世闻名的福特基金会、洛克菲勒基金会、卡内基基金会等。

近年来，美国非营利组织每年的就业年均增长率为2.5%，高于商业部门的1.8%和政府部门的1.6%。在过去30年中，在非营利组织中就业的人数翻了一番，2001年，该人数达到1250万人，占全部就业人口的9.5%。其中，从1997到2001年，就业增长最快的是社会服务类非营利组织，总支出8200多亿美元，约占GDP的8%。而国会的公共政策研究部门"国会研究服务部"在2009年7月发布的报告显示，美国各种非营利组织和慈善机构雇用的员工占全国就业人口的10%。

在美国，有25%~30%的人经常参加志愿者活动，60%以上的人有一年参加志愿者活动的经历。一般学校都要求每个学生要作为志愿者服务一段时间。2000年，全美国89%的家庭向非营利组织捐过款，平均每个家庭捐款1620美元。有44%的成年人即8390万人参加过共计155亿小时的志愿活动。他们的志愿服务相当于900万全职雇员的工作，创造的价值相当于2392亿美元。如果将志愿服务的时间所创造的价值计入在内，非营利组织的收入占全美国总收入的6.7%。2008年，美国非营利组织公益捐赠3076.5亿美元，约占美国当年GDP的2.2%，约占美国当年联邦政府财政支出比例的10%左右（数据来源：美国联邦政府历年财政收入、支出及债务余额）。2010年，非营利组织的工资总额占全美工资总额的9.2%。非营利组织创造了美国GDP总额的5.5%，美国公共慈善机构的总收入达到1.51万亿美元，总支出达到1.45万亿美元。2011年，美国的个人捐赠总额达到2177.9亿美元，美国基金会的支出总额达到469亿美元。2014年美国慈善捐款总额达到创纪录的3580亿美元，其中大约72%来自个人，15%来自基金会，8%来自遗赠，5%来自企业。美国社会福利的一半是由非营利机构提供的，资金主要来自捐助和服务收入。

非营利组织能够有这么大的规模，同时拥有巨额捐款和庞大的志愿者队伍，与美国政府对非营利组织的态度和制度建设有着莫大的关系。美国政府认为，非营利组织的作用在于拾遗补阙，即提供政府和公司不能满足的社会需求。因此，政府对非营利组织在税收和社会环境方面都创造了使其积极发展的条件。首先，非营利组织有助于填补政府用于社会发展方面的资金不足。非营利组织通过社会捐助，使社会各方面的资源得到充分利用，又使非营利组织的活动在公众的直接监督下进行，降低了政府运作成本，较好地避免贪污、浪费的产生。其次，非营利组织提供了大量就业机会，是解决就业问题不可缺少的力量。再次，积极参与这一部门工作的志愿人员超过1亿人，形成促进社会发展的优质社会资本。最后，非营利组织有利于扩大社会公平，缩小经济发展导致的贫富差距，特别是对弱势群体的扶助，有利于维护社会稳定，促进社会和谐。

三、法国的非营利组织

法国更多地用"社会团体"而不是"非营利组织"来指称非营利组织。法国的非营利组织包括合作组织、互助组织、社团组织和信用合作社或合作银行。

合作组织是会员性组织，其资本属于各个成员但并不共享。它有工人合作社、消费合作社和生产合作社三种形式。

互助组织是法国非营利组织里最古老的形式。现在互助组织的目的主要是弥补社会保险的不足，在整个法国约有10万位志愿者经营地方互助社。互助社还提供如开办诊所、医院、药房、托儿所、老人院、残疾人服务中心等服务。

社团组织包括不在册社团、在册社团、公益社团和基金会四种类型，其数量最大，内容涉及体育、宗教、政治、研究培训、艺术、校友、家长、工作、友谊、休闲、社交、养老、环保等诸多方面。一半左右的法国成年人至少属于一个社团。根据统计，近年来的新兴团体如雨后春笋般成立，尤其是自2005年起每年新成立并登记的社团将近7万个，到2012年全法国的社团总数已经超过130万，社团领薪员工有190万，志愿者有1600万。

信用合作社起初是工人和农民的互助组织，也属于合作组织，但与其他合作组织有所不同。现在的大部分信用社的运作已与一般银行没什么区别。

社会服务和教育科研是法国非营利组织中最大的两个分支。两者加起来占到整个法国非营利组织运营支出的一半左右，占整个部门就业人口的54%。

文化娱乐业也是非营利组织集中的领域。医疗卫生组织比其他国家或地区要少一些。法国的基金会和慈善组织的规模也很小，因为政府长期以来对此类组织管理十分严格。

"工人委员会"是法国特有的组织。法律要求凡是50人以上的企业必须建立工人委员会。其负责人由工人选举，工人每次发工资时扣除1%作为其活动经费。工人委员会负责工人福利，如食堂、托儿所、休假中心、文体活动等。工会则负责集体谈判。

　　法国的非营利组织为总就业人口的4.2%提供了就业机会，为服务业就业人口的10%提供了就业机会，创造了法国国内生产总值的3.3%，是法国最具活力的经济部门之一。就收入结构而言，法国非营利机构的收入更多地依赖政府的资助，私人捐赠的比重较低。政府支持的力度较大，民间支持的力度较小。政府资助比例约占60%。此外，33%的收入来自私人付费，7%的收入来自民间捐赠。法国是缺乏民间慈善捐赠传统的国家。

　　因此，如何确保与政府的密切关系，同时建立更加牢固的民间支持基础，是未来法国非营利组织需要面临的挑战。

四、德国的非营利组织

　　德国有着悠久的结社传统，早在12世纪就出现了市民自发结社进行自我管理的行会。但在第二次世界大战之前，非政府组织发展相对缓慢、数量少。20世纪50年代以后，随着经济的发展，非政府组织发展迅速、公信度高、凝聚力强。如今，它们不仅满足着人们的各种需要，而且对德国的经济发展做出了重大贡献。德国是高工资、高税收、高福利国家。自20世纪七八十年代以来，由于德国实行高度分权的社会福利政策，非营利部门得以辅助政府发展社会福利事业，成为德国社会福利体系的重要组成部分。20世纪末起，联邦政府实行有限社会福利政策，规定每年的福利费只能增长1%。

　　德国非营利组织的重点是在医疗卫生和社会服务两个领域，这两个领域的雇员占全德国非营利组织雇员总数的67%，占运营支出的近40%。其中医疗卫生非营利组织员工数接近非营利组织雇员总数的34%，社会服务业非营利组织员工数接近非营利组织雇员总数的33%。政府对这两个领域的资助力度都比较大，而对文化娱乐和教育科研的支持较弱。

　　政府与非营利组织在以上两个领域结成了伙伴关系。实际上，与政府的这种伙伴关系在哪个领域得到强化，哪个领域的非营利组织就会发展，成为社会经济的重要力量，反之则无足轻重。

　　德国是世界上非营利组织从政府获得资助比例最高的国家之一。约68%的收入来自政府，其中近一半是来自社会保障部门和公共医疗保险计划所提供的第三方付款。仅有4%左右的收入来自私人捐款，此比例仅略高于日本。来自会员费和服务收费等私人付费收入占总收入的28%，主要集中在文化娱乐、环境保护、住房开发等政府资助较少的领域。

五、日本的非营利组织

　　在亚洲国家中，日本非营利组织的发展最为突出。日本非营利组织主要在社会福祉、文化教育和体育、国际交流和国际协作、环境、地域社会、保健医疗、保护消费者利益、维护人权及女性的权益等领域开展有关活动。

　　日本是发达国家中对非营利组织的设立限制最严格的国家。日本非营利组织规模庞大，但行业法规将其分割到了具体而分散，且功能相对单一的领域。日本的民间非营利组织分为共同利益法人（又称中间法人）、广义的公益法人及任意团体三大类。共同利益法人类似中国的行业协会、商会、联谊会等互益性组织；广义的公益法人包括九种：社团法人、财团法人（以上两种法人统称为"公益法人"，其中"财团法人"类似于我国的基金会）、特定非营利活动法人（含"认定NPO法人"）、社会福利法人、医疗法人、学校法人、宗教法人、职业训练法人、改造保护法人（对原服刑者实施改造保护）。任意团体是指无法人资格的公益性、非营利性团体，与中国的社区民间组织和乡村民间组织比较相似。

到2004年，日本有公益法人2.6万个、特定非营利活动法人2.3万个、社会福利法人1.9万个、医疗法人3.9万个、学校法人（指私立学校）0.76万个、宗教法人18.3万个、职业训练法人420个、改造保护法人160个。总体上看，日本非营利组织雇员占劳动力总数的2.5%，占非农就业人口的3.5%，创造了GDP的4.5%。目前，由于非营利组织贴近民众，融入民众日常生活，政府对非营利组织的信赖程度较高。特别是经济领域的行业协会与政府之间的关系尤为密切，对日本的经济政策和宏观调控影响较大。

教育科研和医疗卫生是日本非营利组织的重要领域，两者之和的运营支出占整个非营利组织总经费的67%。绝大多数大学和一些中小学都属于非营利组织。医疗领域有7 000多家医疗法人，通过医院、诊所及附属机构提供医疗服务。

尽管政府对非营利组织控制严格，但政府不是非营利组织的主要资金来源。非营利组织60%的收入来自私人付费。政府对医疗卫生和社会服务领域支持较大，在这两个领域，政府是其收入的主要来源，如在医疗卫生领域，96%的收入来源于政府；在社会服务领域，这个数字为65%。

民间捐赠在日本显得微不足道，NPO收入中仅1%来源于民间捐赠。原因是日本政府对捐赠没有优惠政策，且对接受捐赠的机构有严格的限制，只有少数"特殊公益促进法人"才有资格接受捐赠。

六、印度的非营利组织

在发展中国家中，现代意义上的非营利组织的出现和发展一般与殖民主义有关。印度作为一个发展中大国，拥有数量众多的非营利组织。尽管慈善活动在印度也有很长历史，但现代非营利组织是在印度沦为英国的殖民地以后出现的。特别是基督教对印度社会生活的渗透加速了非营利组织的发展。

20世纪六七十年代，印度自然灾害频繁，政府效率低下，难以应对。在这种情况下，西方国家对印度非营利组织的拨款增加，印度本国也于1961年通过《所得税法》，鼓励公司捐助慈善事业，于是，印度出现了一大批非政党政治组合，也出现了一些主要从事救灾活动的福利性志愿组织、由西方NGO协助建立的本土志愿组织、由穷人建立的社区自助组织、由公司捐助建立的慈善团体和由政府组建的非政府组织。

20世纪八九十年代是非营利组织的第二个大发展时期。印度政府从第六个五年计划

(1980—1985)开始,每个新的五年计划都强调非营利组织参与经济、社会发展的作用,并对非营利组织予以积极支持。但是,非营利组织中的分离主义组织和原教旨主义组织又使印度政府加强对非营利组织的控制。

印度学者的研究数据显示,印度目前有大约 330 万个非营利组织,其中将近一半是未登记的。其中,53%分布在农村地区。除宗教(26.5%)外,印度非营利组织的活动领域主要集中在以下领域:社区和社会服务(21.3%),教育(20.4%),体育和文化(17.9%),健康卫生(6.6%)。印度非营利组织就业的人员有近 200 万人,志愿人员相当于专职人员的 5.5 倍。大多数非营利组织的规模并不大,73.4%的非营利组织只有 1 个甚至没有专职人员,有 10 个以上专职人员的非营利组织只占 8.5%。印度目前非正式部门的生产力很低,与正式部门的差距还在逐渐扩大,提高非正式部门——包括非营利部门的生产力,成为社会经济文化等部门改革的一个重点。

印度非营利组织有着活跃的联盟和网络结构。比如印度志愿行动网络(Voluntary Action Network India,VANI)就是一个全国性的倡导与非营利部门支持组织,它自己定位为一个在中央政府、邦政府、地区政府以及印度 NPO 之间的催化剂。VAIN 建立于 1988 年,目前已有 222 个组织、22 个网络联盟、42 个个体会员,包括亚洲参与研究会(Society For Participatory Research in Asia,PRIA),国家倡导研究中心(National Center for Advocacy Studies,NCAS)等,后者本身又是一个多层次的网络联盟。VANI 的运作采用"工作体模式",主要结构包括工作委员会、秘书局、顾问委员会等。印度 NPO 网络的活跃主要是基于议题基础的,一些核心议题将相关的全国和地区的非营利组织联结在一起,例如在世行和国际货币基金支持下的"结构调整计划"的替代预算方案、化解社群矛盾和争斗、村民参与政府发展项目和村民委员会的功能等方面,都有 NPO 联合的讨论或行动。

七、俄罗斯的非营利组织

苏联解体后,俄罗斯出现了许多非营利组织。但作为转型期国家的俄罗斯,其非营利组织的发展并不是一帆风顺的,而是经历了十分曲折的发展过程。

从 1991 年开始,俄罗斯的社会组织的成立由原来的行政授权变更为法律登记。从此,结社成为公民的一项权利和自由,非营利组织开始在俄罗斯发展起来。1995 年,俄罗斯相继出台了《非营利组织法》《慈善团体和慈善活动法》等相关法律,这为俄罗斯非营利组织的活动提供了更多的法律规范和法律保障,从而使俄罗斯的非营利组织活动更加活跃起来。

1997 年,受亚洲金融危机的影响,俄罗斯国内发生了政治危机和经济危机,这对非营利组织来说无疑是个沉重的打击,因为不论是国内的还是国外的资助渠道都被阻断了,俄罗斯的非营利组织遭到了重创,几乎处于停滞状态。2001 年 6 月,俄罗斯总统普京会见了民间组织和非商业组织的代表,鼓励民间组织在公共生活中发挥积极作用,并建立了

"公民组织议院"。2002年,普京倡议组织"公民论坛",广泛吸收社会组织与政府管理部门就某些问题进行讨论;此外,俄罗斯还颁布了《政党法》,审议了《非政府组织法》,成立了社会院以采纳民意。在普京的倡导和政府的积极推动下,俄罗斯非营利组织的数量不断增多,到2003年,俄罗斯注册登记的非营利组织数量至少达到了57万个,非营利组织在俄罗斯迎来了发展的春天。

2003年冬至2005年春,格鲁吉亚、乌克兰等国爆发了"颜色革命"。在这种国际背景下,出于维护国家安全的考虑,避免"颜色革命"在俄罗斯境内发生,俄罗斯当局对非营利组织加强了戒备,进而采取立法手段对其加以控制。2006年1月10日,《若干俄罗斯联邦法律文件修改法》正式生效,其中对《非营利组织法》的修改使得对外国组织身份的合法性审查、登记程序、活动及资金的监管都更加严格,俄罗斯非营利组织的活动大大减少。

2009年,梅德韦杰夫上台后充分认识到了非营利组织在社会发展和民主法治进程中发挥着重要推动作用。梅德韦杰夫在2009年国情咨文中指出:我们将继续支持那些帮助国家解决复杂社会问题的非营利性公益组织,将修订法律,简化那些从事公益活动、帮助社会弱势群体的非营利组织的工作程序。在这一思想的指导下,2009年下半年,俄罗斯的《非营利组织法》得以再次修订,简化了非营利组织的注册程序,减少审查报告,不允许国家部门任意检查他们的税务等有关文件。这些举措使得俄罗斯的非营利组织获得了"自由化"发展。

2012年初,国家杜马选举和总统选举,以及之后发生的多次大规模游行集会引发了俄罗斯政局动荡。这些事件使得重新执政后的普京对西方国家通过非营利组织搜集情报并伺机制造"革命"再次表示担心。因此,他坚决反对国外势力资助俄罗斯的社会团体,这直接导致了对《非营利组织法》的再次修订,以达到严格控制非营利组织的目的。这次修订后的《非营利组织法》新增了"外国代理人"这一类别,规定俄罗斯的任何非营利组织只要符合受到境外资助和从事政治活动这两个特征,就将被列入其中。这类非营利组织须在司法部履行特别的注册手续,还要每半年提交一次资金来源和使用情况报告,并接受其他特别检查。修订后的《非营利组织法》对其他类别的非营利组织也实行了更加严格的年度必审和随机抽查等监督方式,并且强化了对非营利组织的违法行为的处罚规则等。这些规定使俄罗斯非营利组织的发展再次受限。

拓展训练

根据所学内容,请你将以下组织按性质进行分类:

联合国、国际足球联合会、绿色和平组织、Google公司、欧盟、救助儿童会、中国人民银行、国际标准化组织、美国国际集团、亚洲开发银行、中国人权研究会、世界盲人联盟、新闻集团、八国集团、中国少年儿童发展基金会、海尔集团、国际刑警组织、国际爱护动物基金会、中华全国妇女联合会、英联邦、宝洁公司、乐施会。

(1) 属于非营利组织的有：

(2) 属于政府组织（含国际政府组织）的有：

(3) 属于营利性组织的有：

非营利组织在我国的发展

项目概述

本项目主要介绍我国非营利组织的发展历程、非营利组织现行法律制度框架、非营利组织存在的主要问题等三项任务。通过该项目的学习，应重点掌握我国非营利组织现行法律制度框架，了解我国非营利组织的发展历程，并能理解我国非营利组织在发展过程中存在的主要问题。

引 言

与世界其他国家一样，在我国，非营利组织和政府、企业一样，也是一种基本的社会单元。随着改革开放的深入，政治、经济体制的转型，非营利的概念悄悄在我国流行开来，许多医院、学校等事业单位的改革明确提出以非营利作为目标之一，城乡社区建设也倡导非营利导向，连一些企业在广告上也打出非营利的招牌，政府开始向非营利组织购买公共服务。这些事实表明，非营利组织在我国的地位与作用日益突出和明显。那么，我国的非营利组织是如何发展起来的呢？有着什么样的发展历程呢？

任务一　了解我国非营利组织的发展历程

情境导入

2.73亿元！2012年，中国扶贫基金会接受捐赠额再创新高，增幅接近15%。这家"中字头"的基金会，早在2000年就主动放弃了事业编制，取消了行政级别，实现了人事权、财务权与政府的脱钩。随着竞争机制、考核机制的引入，近年来中国扶贫基金会运营绩效大幅提高,从过去的官办非营利组织转变成了民间组织。

(资料来源:光明日报,《官办慈善,如何转身》,2013 年 2 月 21 日,有删减。)

任务目标

根据上述情境,思考和讨论:

(1) 官办非营利组织为什么转成民间组织?

(2) 民间组织相比官办非营利组织有何优势?

知识链接

我国是一个有着悠久历史文化传统的文明古国,慈善、助人和互助是中国人的优良传统之一。在我国古代,先秦时就有"会党""社会"之说,民间结社在春秋战国时期颇为盛行。后汉出现政治结社——朋党,以及著名的黄巾(会党)起义。宋代在民间出现各种互助性、慈善性的"合会""义仓"等,各种形式层出不穷。

1949 年以后的 30 年,我国非营利组织发展缓慢。1978 年改革开放以来,由市场经济建设和社会转型需要所推动的我国各类非营利组织逐步蓬勃发展起来,成为我国社会进步的重要推动力量。在这里,我们根据历史事件法将改革开放 30 多年来我国非营利组织发展进程划分为以下四个阶段。

一、初步恢复阶段,时间为 1978—1991 年

在此之前,按照 1950 年政务院制定的《社会团体登记暂行办法》和 1951 年内务部制定的《社会团体登记暂行办法施行细则》,我国对之前的非营利组织(当时称为"社会团体")进行了社会主义改造,将社会团体主要区分为人民群体团体、社会公益团体、文艺工作团体、学术研究团体和宗教团体等五类。到 1965 年,全国性的社会团体由新中国成立初期的 44 个增加到近 100 个,地方性社会团体发展到 6 000 多个。1966—1978 年,社会组织发展陷入停顿。随着 1981 年中国少年儿童基金会,以及 1984 年中加贸易理事会北京代表处等外国商会机构的设立,国务院先后发布了《基金会管理办法》和《外国商会管理暂行规定》;1989 年 10 月,国务院又发布了新的《社会团体登记管理条例》。这 3 个法规的颁布代表了我国社会组织发展的全面恢复。1991 年年末,经过民政部门复查登记的全国社团共 82 814 个。

二、快速发展阶段,时间为 1992—1997 年

1992 年邓小平"南方谈话"以后,民政部召开了新中国成立以来首次全国社会团体

管理工作会议；1995年世界妇女大会在北京召开，其中非营利组织论坛产生了重大社会影响。1996年7月，中共中央政治局常委会专门研究了民间组织工作；1997年10月，党的十五大报告提出要培育和发展社会中介组织，并以此作为促进经济和政治体制改革的一项重要措施。这一阶段的主要特点：一是社会组织的影响渗透到政治、经济和社会各个领域；二是律师、会计师、评估师等各类中介组织雨后春笋般设立，行业协会、商会等各类工商行业组织迅速发展；三是伴随着城市单位体制的逐步解体和社会福利服务社会化改革的深入，一种新的社会组织形式，即"民办非企业单位"开始出现。截止到1997年年底，全国登记注册的社团达到181 318个，比1991年年末增加了119%。

三、规范发展阶段，时间为1998—2006年

为加强非营利组织的管理，1998年6月，国务院在原来社会团体管理局的基础上批准成立了民政部民间组织管理局；1998年10月，国务院发布了《民办非企业单位登记管理暂行条例》，并修订了《社会团体登记管理条例》。民政部民间组织管理局以及各级民政部门的民间组织管理机构依据相应法规开始对我国非营利组织进行登记管理。我国非营利组织从此走上了规范化发展的轨道。此间，基金会从社会团体中独立出来，成为非营利组织中的一个独立类型。2004年3月，国务院颁布了《基金会管理条例》，并于同年6月正式施行。截至2006年年底，全国共有非营利组织35.4万个，其中，社会团体19.2万个，占总数的54.2%；民办非企业单位16.1万个，占总数的45.5%；基金会1 144个，占总数的0.32%。

四、战略发展阶段，时间为2007年至今

2007年，党的十七大报告第一次使用"社会组织"一词，同时提出在基层民主政治建设中要"发挥社会组织在扩大群众参与、反映群众诉求方面的积极作用，增强社会自治功能"。可以说，党的十七大为社会组织的发展提供了政治保证，并将社会组织的发展提到了战略高度，其中蕴含着党的执政理念和国家建设理念的变革，意味着以社会组织为重要载体的现代社会在中国特色社会主义现代化建设中的地位和作用得到了认可和重视。从此，社会组织的建设不再是自话自说，而是成为关乎我国社会建设大局的战略要件。在2008年汶川抗震救灾和2009年玉树抗震救灾中，社会组织在全面参与中进一步壮大了自己。截至2014年第4季度，全国登记注册的社会组织总量超过59.6万个，其中，社会团体30.7万个，民办非企业28.9万个，基金会4 044个。

2012年，党的十八大报告强调"加强基层社会管理和服务体系建设，增强城乡社区服务功能，强化企事业单位、人民团体在社会管理和服务中的职责，引导社会组织健康有序发展，充分发挥群众参与社会管理的基础作用"，把社会组织放到了经济建设、政治建设、文化建设、社会建设、生态文明建设五位一体的总体布局中加以论述，充分体现了党中央对社会组织建设与发展的高度重视。

任务二 掌握我国非营利组织现行法律制度框架

情境导入

由李连杰创办的公益组织"壹基金"（全名为"深圳壹基金公益基金会"）2011年1月11日正式落户深圳，并获批为公募基金会。这是深圳首家获批的公募基金会。

2007年，"壹基金"计划在北京正式启动。李连杰原本想成立的是一个有独立法人资格的个人基金会，但他发现，在国内的管理框架内，所有基金会都需找一个有官方背景的业务主管单位"挂靠"。3年间，作为私募基金的"壹基金"，挂靠在有公募资格的中国红十字会名下，借助中国红十字会的名义向社会公开募捐。

3年间，"壹基金"面临三堵"高墙"：身份认证困难、账目不能自主、项目开展受限，这也是整个中国民间慈善事业遭遇的"高墙"。

为了获得一个独立合法的身份，"壹基金"在2010年年初就开始酝酿"单飞"，在民政部办理了公募基金会申请程序，想要脱离"挂靠"3年的中国红十字会。经过各方的努力，在深圳市政府的支持之下，"壹基金"得以以独立公募身份注册成立，业内人士称，这对全国的慈善公益事业都将产生重要影响。

"壹基金"的发起人李连杰表示，深圳"壹基金"的成立，为"壹基金"提供了独立公募的合法身份，创造了一个新的起点。

任务目标

根据上述情境，请思考：
（1）"壹基金"为何要由私募基金会转为独立公募基金会？
（2）目前我国管理非营利组织的法律法规有哪些？

知识链接

承认和保障非营利组织的法律地位，是其正常运营并发挥功能的前提。非营利组织所从事的活动多具有公共性，世界上大多数国家或地区通过制定不同层次的法律，对非营利组织的性质、设立条件、设立程序、运营规则等方面予以规范，以保障、引导非营利组织有序、健康地发展。

国际上对非营利组织进行规范的法律框架有不同模式。在美国，根据《美国联邦税法典》501C3条款，在宗教、慈善、教育、科学、公共安全实验、文学、促进业余体育竞争或防止虐待儿童或动物等七个方面，从事非营利性、非政治性活动的组织可以申请成为慈善组织，获得税收优惠。除此以外，并没有一部专门的法律来统一规定非营利组织的活动，多种多样的志愿活动已经渗透在整个社会的运作机制之中。英国非营利组织的传统主要源于志愿互助和民间慈善，它们被称为"志愿部门"，比我们通常意义上说的"非营利部门"的概念要窄。其历史可以上溯到几个世纪以前，英国1601年出台的《慈善法》和《救济法》，是世界上较早的专门规范非营利组织和非营利行为的法规。另外，有些国家针对非营利部门设有专门的基本法律，用以促进这类组织的发展和规范，如日本的《非营利组织法》，南非的《特定非营利活动促进法》，德国的《结社法》，匈牙利的《公益组织法》，捷克的《公益法人法》等，侧重点各不一样，但其作用均是予非营利组织以更大的法律生存空间，明确非营利组织的法人地位，将之纳入适当的法人制度体系，以确保非营利组织的自主性、自治性。

一、我国现行的关于非营利组织的法律法规

《中华人民共和国宪法》第三十五条规定了结社自由。目前规范非营利组织的主要法律规范有：

(1)《外国商会管理暂行规定》(1989年)；

(2)《社会团体登记管理条例》《民办非企业单位登记管理暂行条例》《事业单位登记管理暂行条例》(1998年)；

(3)《公益事业捐赠法》(1999年)；

(4)《取缔非法民间组织暂行办法》(2000年)；

(5)《基金会管理条例》《基金会名称管理规定》(2004年)；

(6)《民间非营利组织会计制度》(2004年)；

(7)《社会组织评估管理办法》(2010年)。

在实务操作中实际发挥着最重要作用的是作为非营利组织登记管理机关的民政部发布的行政规章和其他规范性文件，作为非营利组织的业务主管单位的国务院各部委发布的行政规章和其他规范性文件，以及地方政府发布的地方性法规和其他规范性文件。截止到目前，我国中央政府颁布的涉及非营利组织的相关法律法规和部门法规已达200多项。

二、有关非营利组织法规的基本内容

1. 双重管理体制

双重管理体制是指我国的非营利组织既接受民政部门登记管理机关的管理，同时又接受本行业业务主管部门的管理，从而形成了对非营利组织的登记注册管理和日常性管理，实行登记管理部门和业务主管单位双重审核、双重负责、双重监管的体制。双重管理是我

国非营利组织登记管理工作的一项重要原则。

1998年国务院颁布的《社会团体登记管理条例》和《民办非企业单位登记管理暂行条例》中规定:"国务院民政部门和县级以上地方各级人民政府民政部门是本级人民政府范围的社会团体登记管理机关。"同时又规定:"国务院有关部门和县级以上地方各级人民政府有关部门、国务院或者县级以上地方各级人民政府授权的机构,是有关行业、学科或者业务范围内社会团体的业务主管单位。"

其中《社会团体登记管理条例》第二十八条对业务主管单位的职责作了明确规定:"(一)负责社会团体筹备申请,成立登记,变更登记,注销登记前的审查;(二)监督,指导社会团体遵守宪法,法律,法规和国家政策,依据其章程开展活动;(三)负责社会团体年度检查的初审;(四)协助登记管理机关和其他有关部门查处社会团体的违法行为;(五)会同有关机关指导社会团体的清算事宜。"

根据以上规定,民政部门是非营利组织的法定登记管理机关,而在非营利组织向登记管理机关申请注销登记之前,必须得到主管单位的批准。只有党政机关和得到党政机关委托的单位才有资格担任其业务主管单位。

2. 分级管理原则

分级管理原则是指对非营利组织按照其开展活动的范围和级别,实行分级登记、分级管理的原则。

《社会团体登记管理条例》和《民办非企业单位登记管理暂行条例》规定,全国性的民间组织,在两个以上省、自治区、直辖市开展活动的民间组织,其登记管理机关应当是国务院民政部门,相应地,其业务主管单位应当是中央一级的党政机关以及中央人民政府授权的机构;地方性的民间组织,由所在地人民政府的登记管理机关负责登记管理,相应地,其业务主管单位应当是所在地党政机关以及同级人民政府授权的机构;地方性的跨行政区域的民间组织,由所跨行政区域的共同上一级人民政府的登记管理机关负责登记管理,相应地,其业务主管单位应当是所跨行政区域的共同上一级党政机关以及同级人民政府授权的机构。

需要注意的是,一个社团在民政部门登记后,就获得了独立的法人地位,依法享有民事权利,承担民事义务,不论它是在哪一级登记管理机关登记的,不论是全国性的还是地方性的,业务主管单位是哪一级政府主管部门,也不论其会员多少,规模大小。社团的地位是相同的,是平等的民事主体,没有权利大小之分,互相之间也没有隶属关系,没有领导和被领导的关系。当然,这并不排斥它们之间的协作。社团还可以作为团体会员加入另外一个社团,按照章程的规定,承担会员的义务,享有会员的权利。

3. 非竞争性原则

非竞争性原则是指为了避免非营利组织之间开展竞争,禁止在同一行政区域内设立业务范围相同或者相似的非营利组织。

《社会团体登记管理条例》第十三条第二项、《民办非企业单位登记管理暂行条例》第十三条第二款第三项都规定，在同一行政区域内已有业务范围相同或者相似的非营利组织的，没有必要成立的，对于非营利组织的成立申请不予批准。不仅如此，有的地方民政部门还主动将其认为业务上有重复或者没有必要存在的社团，予以撤销或者合并。

4. 优惠政策

税收是一个国家或地区经济收入的主要来源，交税纳税是企业事业单位、社会团体、公民个人和其他组织应有的义务。非营利组织作为参与社会分配的部门与作为调节社会分配的手段的税收，必然会产生关系。由于社会团体基本上没有营利性的收入，税收的高低对于社会团体的影响甚大，在这个意义上税收也是许多国家或地区对非营利组织进行管理的重要手段。

由于非营利组织不以营利为目的，它从社会中取得资源是无偿的，它向社会提供的服务也基本上是无偿的，因此非营利组织在许多国家或地区并不被列为纳税的主体，即使列为纳税的主体，也享有许多减税甚至免税的优惠。

我国也有一些对非营利组织的税收优惠政策。按照税收优惠政策的对象，可以从非营利组织、企业、个人这三个角度来进行分析和研究，即可以划分为对非营利组织的税收优惠政策，对向非营利组织捐赠的企业的税收优惠政策，对向非营利组织捐赠的个人的税收优惠政策三种情况。例如，1999年颁布实施的《中华人民共和国公益事业捐赠法》规定，公司和其他企业及个人依照该法规定捐赠财产用于公益事业，依照法律、行政法规的规定享受所得税方面的优惠；境外向公益性社会团体和公益性事业单位捐赠的用于公益事业的物资，依照法律、行政法规的规定减征或者免征进口关税和进口环节的增值税。国家税务总局1999年4月印发的《事业单位、社会团体、民办非企业单位企业所得税征收管理办法》规定，对事业单位、社会团体、民办非企业单位的一些收入项目免征所得税；财政部和国家税务总局2000年7月发布的《关于医疗卫生机构有关税收政策的通知》、2001年2月发布的《关于非营利性科研机构税收政策的通知》分别对非营利性医疗机构和非营利性科研机构的税收优惠政策做了相应规定。2008年实施的新的《中华人民共和国企业所得税法》对公益捐赠的税前扣除及非营利组织的收入免税问题做了重要规定。

任务三　分析我国非营利组织存在的主要问题

情境导入

2013年12月5日，在国务院新闻办举行的深化改革创新促进民政事业发展情况新闻发布会上，民政部部长李立国谈到激发社会组织活力需要采取六个方面的措施。其中，行业协会商会类、科技类、公益慈善类和城乡社区服务类四类社会组织，可以依法直接向民政部门申请登记。民政部在社会组织的登记管理上将会取消不必要的审批，下放权限。

第一，实施四类社会组织直接登记工作。国务院机构改革和职能转变方案和十八届三中全会《决定》，都明确提出和促进实施行业协会商会类、科技类、公益慈善类和城乡社区服务类四类社会组织，可以依法直接向民政部门申请登记，不再经由业务主管单位审查和管理。

第二，要在社会组织的登记管理上取消不必要的审批，下放权限。民政部已经提出取消社会团体筹备成立的审批，取消社会团体和基金会设立分支机构的审批，同时要将异地商会和基金会的登记成立的审批权从省级民政部门下延到县级以上民政部门。

第三，要限期实现行业协会商会类社会组织与行政机关真正脱钩。在行业协会商会与行政机关脱钩上，争取在明年1月份之前，在全国性行业协会、商会中选择100个左右的单位进行试点，明年铺开实施试点工作。

第四，在改革社会组织登记管理制度中，同时要加强和改善监督管理工作。既要发挥好民政部门在登记、备案、年检、监督、评估等方面的监管责任，也要由民政部门会同有关部门做好对社会组织在人事、外事、党的建设等方面的指导工作。还要发挥行业主管部门对社会组织在行业上的监督管理职责和作用。

第五，要指导和支持社会组织加强自身建设，增强自身能力。主要是要完善社会组织的治理结构，发展社会组织内部的民主机制，促进社会组织信息的公开，增强社会组织各方面的能力，以利于社会组织有承接政府转移职能、提供社会服务、反映诉求和加强行业自律和自身自律的能力。

第六，优化社会组织健康有序发展和积极发挥作用的社会环境。主要是通过政府转移职能把能够适合和能够由社会组织承担的管理和服务事务通过竞争性选择方式交由社会组织承担。要通过政府购买服务来支持社会组织提供公共服务和社会服务。还要完善对社会组织的税收减免优惠政策，支持社会组织更好地发挥积极作用。

任务目标

根据上述情境，思考和讨论：
（1）我国非营利组织的发展存在哪些问题？
（2）四类社会组织直接登记对促进我国非营利组织发展有何意义？
（3）激发社会组织活力的必要性。

知识链接

尽管改革开放以来，我国的非营利组织取得了飞速的发展，在社会生活中发挥着越来越重要的作用，但同国外的非营利组织的发展相比，同正在兴起并日趋完善的市场经济的发展相比，同在改革创新中逐步走向现代化与国际化的政府公共管理体系相比，我国的非营利组织不仅先天不足，而且动力不足。根据王名的研究，当前中国非营利组织存在的主要问题集中在以下四个方面[①]。

一、社会资源不足，公益产权基础薄弱

一般来说，慈善捐款是非营利组织重要的社会资源之一，慈善捐款的多少及其在非营利组织资金构成中的比重，在相当程度上决定着非营利组织的公益性质及其开展社会公益事业的力度。在我国，总体上看，资金不足是社会组织普遍面临的突出问题。从我们分别于1999年、2001年、2004年开展的3次大规模问卷调研的结果来看，无论是基金会、社团、民办非企业单位，还是活跃于环保、扶贫、社会福利、社区发展、艾滋病救助等各主要领域的基层非营利组织，反映最突出的问题无疑都是资金不足的问题。从非营利组织运作资金的构成上看，慈善捐款所占比重一般还不足10%，且捐款主要集中在少数基金会上，绝大多数非营利组织甚至没有募款的经验。再如环保、艾滋病救助、扶贫等领域里，少数较为活跃的组织能够获得来自境外资助机构提供的间接捐赠。2008年因汶川大地震的发生，公益募款额意外地突破1 000亿元的大关，使人们不由振奋起来。根据民政部门近年发布的有关数据及我们多年的调查分析，除去2008年这种特殊情况外，正常年份全国以各种形式募集的慈善捐款加上来自境外非营利组织的间接资助款，其年度总额应当在200亿~300亿元。这个资源总量如果平均到全国40多万家登记注册的非营利组织身上，每个组织就只有区区7万元。与美国等发达国家的资源动员力相比是微不足道的。

来自政府的各种公共资金也很有限。如前所述，政府资助和减免税待遇对于非营利组织开展公益活动是重要的社会资源之一。在世界上许多国家和地区，政府提供的各种公共资金占到非营利组织运作资金的30%左右。我们在调研中发现，除了人民团体、事业单位和少数政府重点支持的非营利组织以外，大多数非营利组织没有正常渠道获得来自政府的公共资金。根据问卷调研，这部分资金比重仅为10%~15%。近年来，深圳、广州、上海和北京等一些地方政府开始探索通过购买服务方式将一定领域的公共服务委托非营利组织提供，相应提供一部分公共资金，包括财政资金和预算外资金等，所涉及的公共服务包括社会工作服务、养老服务、社区矫正、社区综合服务等。

与此相关，非营利组织动员志愿服务资源的能力和规模也很有限。我国特有的青年志愿者主要通过共青团系统自上而下发动和组织，城市社区的志愿者则主要由居委会进行统一协调。2008年北京奥运会期间曾动员了大批志愿者参与，但主要还是依靠自上而下的体制发动和管理，在迫切需要志愿者参与的广大非营利组织里，志愿者的数量极为有限，且没有建立相应的吸纳、管理和激励志愿者的必要的机制。

---

① 王名.社会组织概论[M].北京：中国社会出版社，2010：89-94.

其结果，就使得非营利组织开展各种社会公益及互益活动的社会资源严重不足，其运作资金的主要部分只好依赖市场运作，人力资源也主要依靠聘用，从而使得中国非营利组织在资源禀赋上和营利性的企业没有太大差异，它们赖以存在的公益产权基础相当薄弱。

二、双重管理体制限制，法律政策环境滞后

非营利组织作为承担一定公共责任的社会组织，其成立要受到法律的保护和规制，在法律框架内享受相应的优惠政策并接受相关政府部门的监管。在世界上许多国家或地区，都有相关法规对非营利组织及其行为加以保护、规制或监管。我国实行的是双重管理体制，通过登记管理机关和业务主管单位分别行使监督管理职能。

这种管理体制的重点在于限制发展和分散责任。在这种体制下，各级民政系统的登记管理机关在法律上是统一归口对非营利组织进行监督管理的政府职能部门，其相应的职能通过相关法规的规定和各级政府授权加以明确。但是在统一归口的同时，相关法规还规定：与非营利组织业务范围相关的政府职能部门或政府授权的单位，作为业务主管单位行使监督管理职能。这样，在同一行政层级上，就存在两个分别对非营利组织负责的监督管理部门：一个是统一的登记管理机关，另一个是分散的业务主管单位。

在这种体制下，非营利组织的登记注册被设置了双重门槛，其结果是：由于获得合法身份的门槛太高，越来越多的非营利组织转为采取工商注册的形式，或者甘冒不登记注册的风险。

在双重管理体制基础上形成的现行法律政策环境，过度强调登记注册的审批把关，却忽视了培育发展和监督管理。

针对这种情况，近年来许多地方政府尝试探索管理体制的改革创新，出现了备案制试点、枢纽式管理等新的制度形式。2007年广东省率先在行业协会管理上取消了双重管理，2009年民政部和深圳市通过"部市协议"尝试在深圳市进行双重管理体制的试点。这项实施了20多年的基本制度正在经历改革创新的洗礼。但全面取消双重管理并从制度上建立新的管理体制，在我国尚需一定时日。

三、专业能力缺乏，多元力量难于整合

由于发展历史不长，社会资源不足，加上法律政策环境落后，我国的非营利组织相对于世界上其他国家和地区的同类组织来说，能力不足是一个突出的问题。非营利组织无论是从事资源动员，还是开展公共服务、致力于社会治理或推动支持倡导，其核心竞争力来源于长期积累、不断提高的专业化能力。许多著名的非营利组织，如国际红十字会、世界宣明会、绿色和平等，都在相关领域里集结了一大批优秀的专业人士，积累了丰富的经验并拥有专业性、多层次、多功能的巨大的社会动员和服务网络。相对来说，我国的非营利组织普遍缺少专业人才，在资源动员能力、组织管理能力、协调互动能力、危机应对能力，特别是与所在领域的各种公共服务相关的专业能力等方面，都存在较大差距。调查显

示，在我国的社团和基金会中有90%以上的员工没有接受过专业培训，许多组织由于薪酬太低聘不起专职员工，靠少数兼职人员维持运营。在提供服务方面，近年来一些地方政府在改革中探索将部分公共服务通过政府采购进行招标，但有能力对这类服务进行投标的非营利组织为数并不多。

不仅专业能力缺乏，非营利组织彼此之间，以及它们与各种市场力量、各级政府及媒体之间也缺乏必要的交流、互动与力量整合。在面对经济发展和各种社会问题时，不同的非营利组织，以及各种市场力量往往代表不同的利益群体或利益空间，各种社会政策及社会整体利益的实现，是这些力量相互较量、彼此互动、在矛盾及冲突中走向妥协或力量整合并最终达成均衡的结果。近年来，尽管在如反对怒江建坝之类的活动中出现了部分非营利组织联合行动的情形，但从总体上看，这种情况仍属个案，大多数组织倾向于单打独斗，在开展项目上较少联合行动或合作，除了政府或官方机构推动的自上而下的大型项目之外，跨领域、跨部门、跨地区的重大公益活动颇为鲜见。在有些领域，一些非营利组织会为了获得一两个项目你争我夺、彼此攻击，有些非营利组织内部也出现激烈的纷争甚至内讧。在一定意义上可以说，由于没有形成一个整体的第三部门及其良性的社会公益文化，中国非营利组织的发展尚处在较为混沌的原生状态下。

四、社会监督乏力，市场机制挤压公益

非营利组织因其公益产权的性质和承担的公共责任，要接受严格的社会监督。然而在我国，由于双重管理体制强调政府监督管理，社会监督长期以来一直被忽视。但双重管理体制下政府并未进行有效的监管，使得民间组织事实上处于缺乏监管的真空状态下。这种局面一方面导致了各种侵吞公益财产的"公益腐败"案件时有发生，另一方面打击了社会公众的捐款热情并降低了公益组织的社会公信力。为扭转这种局面，2004年国务院颁布了《基金会管理条例》，首次在行政法规中提出了社会监督问题，并围绕基金会的运作和监管，规定基金会理事会的构成比、成员限制和基本职责等。然而，对于数十万社会团体和民办非企业单位，特别是对于大量存在的转登记、未登记的非营利组织，社会监督还是一个远未解决的难题。在一些社会团体中，理事会的规模可达数百人乃至上千人，成立数年也不开一次理事会，决策权高度集中在少数专职管理者手中。一些民办非企业单位从一开始就是投资兴办服务实体，决策者就是投资人，真正有效提供的社会服务不多，却在拼命追求高收费、乱收费、高收入、高回报。在一些工商注册及未登记的基层非营利组织中，家长制管理、家族式经营所带来的任意性、狭隘性、私情性，妨碍了这些组织的健康发展。无论在整个社会范围内，还是在某一个地区，都未建立围绕公益财产保护的公众举报机制，使得公众除了透过媒体间接监督之外，尚无从介入社会监督的过程。

由于没有有效的行政监管和社会监管，慈善捐款等社会资源很有限，许多非营利组织走上了追求营利的市场发展道路。一些社会团体通过举办大型会展活动、收费培训班、商业讲座等谋取利益；一些掌握公权力的官办协会和基金会把通过各种资质认证、资格审查、考试考核等高端收费服务项目，称为市场经济中高盈利的增长点；有的基金会和社团甚至打着公益的旗号在全国城乡招摇撞骗、聚敛钱财，败坏了公益事业的声誉。

拓展训练

2013年8月18日，广东知名的麻风病康复者服务机构汉达康复协会即将改选第五届理事会。为加强机构的资源筹集和促进未来的机构转型，汉达秘书长陈志强对此次改选寄予厚望，千方百计地寻找作为麻风病康复者的社会人士加入第五届理事会，然而现实却是：贤良之才难寻。"做民间公益组织的理事是一件付出远远大于收获的差事，需要意愿和能力的高度契合，加上目前国内公众的观念还跟不上，因此对于民间公益组织来说，理事难寻是一个比较普遍的问题。"陈志强说，他因此希望通过媒体进行公开招募，"即使最终找不到适合的人选，但至少可以让人们对公益组织的机构治理有更多了解"。

问题：思考广东汉达康复协会理事难招的原因？

模块二

机构管理篇

非营利组织战略管理

项目概述

本项目主要介绍非营利组织战略管理的特点与作用、战略管理的层次和任务、战略管理的过程与方法三项任务。通过该项目的学习，应重点掌握战略管理的过程与方法，了解战略管理应用于非营利组织管理的意义和作用，并明白战略管理在解决非营利组织管理及发展中所起到的重要作用。

引 言

随着社会主义市场经济体制的逐步建立与完善、政府机构改革的不断深入和现代企业制度的建立，非营利组织的法制和政策环境都得到了逐步改善，这为建立各类非营利组织提供了更大的发展空间。同时，非营利组织在扶贫济困、文化、教育、维权等诸多方面，起到了政府和企业有力的补充作用，成为社会建设和管理的重要力量。

同时，随着非营利组织社会地位的提升、市场需求的扩大，非营利组织也面临着更多的机遇和挑战。如何从战略上考虑各种内外部因素、经济状况的变化等所带来的影响，如何利用机会降低风险，使非营利组织能够在建立和谐社会过程中，继续发挥作用，成为发展中的核心问题。战略管理可以使一个组织采取积极有效的措施应对这些机遇和挑战，成功的战略管理更能让组织由被动转为主动，由消极转为积极。战略管理作为管理的一种有效手段和方法，已经在非营利组织中受到了极大的重视。

任务一 了解战略管理的特点与作用

情境导入

相较于营利性组织，非营利组织所提供的大多数是无形的服务，难以测度；服务接受者的支付只占非营利组织总收入的一部分（有些情况下比例很低，甚至为零）；区域性的非营利组织一般具有垄断特征；组织的雇员对组织使命具有强烈的奉献驱动力等。此外，对于营利性组织而言，组织战略的核心是获得竞争优势，首要任务是选择合适的行业，以及在选定的行业中进行准确的定位。非营利组织战略管理的首要目标是组织的生存，筹资战略是非营利组织的战略核心，低成本战略和质量战略是实现筹资战略的基础。[①]

非营利组织本身的特性限制了应用于营利组织的战略管理理论和方法在其内部的分析，不以营利为目的的特点决定了它不同于企业，因此战略管理在非营利组织的应用具有其自身特点。

T 任务目标

（1）了解战略管理的基本特点。
（2）了解非营利组织战略管理的特点。
（3）战略管理的作用体现在哪些方面？
（4）非营利组织战略管理对于组织而言有什么作用？

K 知识链接

战略管理是一门着重制定、实施和评估管理决策和行动的具有综合功能的艺术和科学，其管理决策和行动目的在于实现组织的目标。

一、战略管理的特点

1. 主体性

首先，战略制定必然有主体。这个主体既可以是组织的高层管理者（最高管理者个人或整个高管层），也可以是组织的中层甚至是低层人员（如明茨伯格的"草根模型"所描述的），还可以是各层次人员的结合（权力学派所描述的）。另外，战略形成和实施是一个带有主观影响的过程，因此主体的价值观、愿景必然会影响战略的形成和实施。

2. 动态性

战略管理是一个过程管理，是一个不断循环、没有终点的运动过程，而每一次循环，都是对前一次战略的取舍，既无起点又无终点是战略管理与一个独立事件管理的根本区别所在。

3. 情境性

战略活动离不开组织所处的特定的情境，同时组织战略也应随着情境的变化而变化。

---

① 廖飞.非营利组织战略管理分析方法的探讨[J].贵州工业大学学报（社会科学版），2003(3).

这里的情境包括组织的内部环境和外部环境。战略管理是一个组织通过学习不断调适自身与其所处环境的关系的过程。

4. 全局性

首先，战略是事关组织全局的决策活动。它以整个组织的生存和发展为关注的重点。虽然在某些特定的时期，它可能关注某些对全局具有重大影响的局部问题，但从根本上说，它关注的是组织的整体运行。其次，从整个组织管理的角度来看，战略管理重要性和高层次性在于管理者的其他职能活动都应服从于战略管理并与之相协调。

5. 前瞻性

战略管理是面向未来的，其根本目的在于通过管理组织活动的不确定性来谋求组织的长期存续与发展。组织既要对其所处的现实环境进行正确的辨识，又要对环境的发展趋势进行有效的预测，此外还需要进行认真的策划，以达到能调动一切资源并控制环境变化的方向和节奏的目的。

二、非营利组织战略管理的特点

非营利组织战略管理借鉴了不少企业战略管理的理念，然而，其自身的公共特性，不以营利为目的的特点决定了它只有提出自身的战略需求，才能使战略管理获得有效性。在战略管理方面，非营利组织不同于营利性组织之处，体现在以下三点。

1. 组织目标实现的业务稳定性

关于非营利组织的目标，有两种流行的观点：组织的最终目标是不营利或不是为了营利；组织的目标是为了服务公众利益或特定群体的利益。因此，组织的业务目标相对营利性组织的目标而言，是相对稳定或者固定的。

而营利性组织的目标是为了回报股东，最终获取利润和实现企业发展。此目标是通过业务的不断壮大和扩张以及转换来实现的，因此，该类组织的业务目标会根据环境的变化做适时的变换。

2. 组织战略规划的高参与度及复杂性

相比营利性组织，非营利组织要面对更多的受众群体，包括顾客、捐赠者、志愿者、理事、专职员工、社区等，他们的想法与需求差别较大，存在复杂的利害关系。因此，非营利组织战略规划的制定需要更大的参与度，以让各种不同的声音反映到组织的战略中，并得以吸收和采纳。而营利性组织只要实现高利润的获得，就基本能使组织内外上下都满意。

3. 业务战略的差异性

营利性组织的战略实现最终体现为提供的产品和服务在市场上占据具有竞争力的位置，同时得到消费者的认可。组织通过向客户提供产品或者服务来获取资本收入，弥补成本和回报股东，从而形成一个闭环资源链。

而非营利组织的业务战略是不断扩大组织使命的影响范围，扩大非营利组织所界定的受益群体的数量以及提高服务的质量,从另外一个角度来说,就是不断降低成本,提高组织的运行效率。非营利组织的收入一部分来源于组织提供产品或者服务的收入,一部分来自于个人或者组织的捐赠以及政府的划拨,无法形成一个严格的封闭系统。因此,非营利组织的业务战略不是营利性组织所采取的战略,如集中战略、清算战略、撤退战略、一体化战略、低成本战略、多元化战略等。尽管非营利组织也存在多种业务的情况,但是这些业务战略无法通过增强、撤退、清算等战略来实现,而要通过低成本战略和质量战略来实现。

三、战略管理的作用

1. 战略管理的一般作用

格林利（Greenley）认为,战略管理具有这些作用:一是帮助识别、优先考虑和寻求机会;二是为战略管理问题提供了客观的视角;三是为增进协调和活动控制提供了框架;四是将不利条件和变化的影响降低到最低限度;五是使重要决策更好地支持业已树立的目标;六是将时间和资源更有效地分配于已经得到确认的商机;七是将企业稀缺的资源和时间用于纠正错误或者投向特别的决策;八是构建员工内部沟通架构体系;九是帮助将个人行为整合成为全体的努力;十是为明确个人职责提供基础;十一是鼓励前向式思维;十二是提供应对问题与机会的协作性、整合性和积极性方法;十三是鼓励对变革持积极态度;十四是加强企业管理的纪律性和程序性。

2. 非营利组织实施战略管理的作用

（1）有助于明确非营利组织发展的使命。对于一个非营利组织而言,使命是非常重要的,它反映了非营利组织存在的理由、奋斗的目标和梦想。美国著名的管理大师彼得·德鲁克教授指出"使命如此独特,以至于成为影响一个组织经营成败的唯一原因,即经营使命是反映组织能否全面地考虑发展和平衡的问题",他还指出非营利组织的使命陈述是其有效管理的基础（德鲁克,1989b）。

通过战略管理,非营利组织可以确定组织使命,制订实施战略目标的战略计划,明确取得成功所必需付出的成本,对最终可能出现的结果有一个全面的了解和心理预期,从而确保在取得短期成绩的同时兼顾长远利益。

（2）有助于增强非营利组织对外部环境的适应性。现代社会,各种组织面临的外部环境越来越复杂,非营利组织也不例外。战略管理将非营利组织的成长和发展置于变化的环境之中,战略管理以未来环境变化的趋势作为决策的基础,这有助于管理者们重视对组织发展环境的研究,把握环境变化给组织带来的发展机会,分析和预测当前和将来的外部环境,同时积极预防来自环境的潜在威胁。以正确地确定组织的发展方向,更好地把握外部环境所提供的机会,增强组织对外部环境的适应性。

（3）有助于优化非营利组织的各种资源并提高协同效果。任何组织的资源都是有限的,因此,如何将人、财、物等有限的资源运用于关键领域是十分重要的问题。非营利组织战略管理通过将规划出的战略付诸实施,同时把战略的实施与日常的计划执行与控制结合在一起，使得近期目标与长远目标/战略性目标结合起来，分清主次，明确未来各个阶段的工作重点和资源需求，对组织发展的重要领域和关键领域加强资源投入，避免次要事情的干扰，将资源集中于最迫切的事情上，从而达到资源的优化配置，有利于充分利用各种资源并提高协同效果。

（4）有助于增强非营利组织的创新意识。战略管理不仅分析"我们正走向何处"的问题，还要分析淘汰那些陈旧过时的东西，并以"计划是否继续有效"为原则对战略进行评价与完善。非营利组织通过战略管理，可以创造一个畅通的沟通机制和决策渠道，在广泛搜集各类不同意见的基础上，鼓励内外部人士参与，提出并讨论各项议题，以实现全面的了解，促使非营利组织在分析和诊断组织发展中存在的问题时，有序地推动创新，不断地在新的起点上对外界环境和组织战略进行连续性的探索，主动采取行动，从而有利于组织把握自身的命运，主动创造自己的未来。

（5）有助于调动非营利组织内成员的积极性和创造性。沟通是战略管理成功的关键。通过参与整个战略管理过程，组织管理者和其他成员承担起支持组织的职责，并让所有成员都能充分理解组织发展的使命、任务以及各个发展时期的任务目标。在成员理解的基础上，一个有吸引力的愿景，能激发组织成员的使命感，唤起他们的奉献精神，调动他们的积极性和创造性，使他们更加愉快地工作，并愿意主动承担起支持组织发展的责任。①

任务二　熟知战略管理的层次和任务

情境导入

"成都市锦江区爱有戏社区文化发展中心"（简称"爱有戏"），是在民政部门正式注册的公益性社会组织。从1999年的一支无偿献血宣传服务队，到社区发展型组织的性质定位，"爱有戏"在实践中完成了战略规划的过程，确定了通过搭建社区参与式互助平台、院落自治组织能力建设平台、参与式文化艺术平台、社区志愿服务平台及社区公共服务平台，促进和协助居民实现自我服务、自我管理、自我教育和自我监督，提升社区居民的幸福指数的总体战略。在此基础上，确定了社区文化艺术、义仓、义集、义坊等项目。

任务目标

（1）了解战略管理的层次有哪些，各层次间又有何区别。

---

① 陈浒.非营利组织战略管理问题研究[M].哈尔滨：黑龙江人民出版社，2003.

(2) 非营利组织战略管理各层次的任务有哪些？
(3) 非营利组织战略任务的具体内容是什么？

知识链接

一、非营利组织的战略管理层次

1. 总体战略

总体战略是组织一切行为的最高行动纲领，它的根据是组织的使命和目标，解决的是组织长远发展方向的问题。

从组织的发展方向到组织各职能部门之间的协调，再从资源的充分利用到整个组织的价值观念、组织文化的建立，都是总体战略的重要内容。具体而言，总体战略需要包含的内容有：组织发展的方向、领域；组织发展的目标以及实现目标的具体途径；组织各职能部门需要遵守的原则等。

总体战略的意义在于它是非营利组织具体发展战略的总纲和指引，是各个职能部门保持发展一致性、相互配合、合理配置组织资源的重要保证。

2. 项目战略

同营利性组织一样，非营利组织内部一般都由许多事业部门或项目部门组成。所谓项目战略就是这些项目部门根据各自独立的服务项目和细分市场，根据组织的总体战略并针对不断变化的环境而制定各自的战略，以建立组织的整体竞争优势，为组织良好财务绩效的实现奠定坚实的基础。

总体战略涉及组织全局性的、整体性的、长期性的战略计划，并会对组织的长期发展产生深远影响，因而总体战略主要由组织的最高层参与决策、制定和组织实施。而项目战略则着眼于组织系统中的各项目部门，也只能影响某一部门具体的服务和领域，是局部性的战略决策，只在一定程度上影响总体战略的实现，因而项目战略制定者主要是具体的项目部门领导层或决策层。

3. 职能战略

职能战略又称职能部门战略，是为贯彻、实施和支持总体战略与项目战略而在组织特定的职能管理领域制定的战略。职能战略一般可分为营销战略、人力资源战略、财务战略、生产战略、研发战略等。

职能战略是经营战略在营销、研发、人力、生产、财务等方面的分战略，是组织内主要职能部门的短期战略，它可以使职能部门的管理人员有效地运用技术开发、营销、生产、财务、人力资源等方面的经营职能，保证实现组织目标。[①]

[①] 张秀玉.战略管理[M].北京：北京大学出版社，2006.

项目四 非营利组织战略管理

二、战略管理的任务

1. 战略管理的任务

战略管理的任务就是组织在实施战略管理过程时所要达到的目的及其行动步骤。明确组织或各层次的战略管理任务,有助于战略的制定者和实施者清楚自己在其中的地位和所要做的工作与责任。就公司而言,战略管理任务可以简洁地描述为以下几个方面。

(1) 提出公司的战略展望,指明公司的未来业务组成和公司前进的目标,从而为公司提出一个长期的发展方向,清晰地描绘公司将竭尽全力投入的事业,使整个组织对一切行动有一种目标感。

(2) 建立目标体系,将公司的战略展望转换成公司要达到的具体业绩标准。

(3) 制定战略,达到期望的结果。

(4) 高效地执行所选择的公司战略。

(5) 评价公司的经营业绩,采取全方位措施,参照实际的经营事实、变化的经营环境、新的思维和新的机会,调整公司的战略展望、公司的长期发展方向、公司的目标体系、公司的战略以及公司的战略执行。[1]

2. 非营利组织战略管理的任务

根据非营利组织战略管理各个层次的不同特点,其具体任务如下所述。

(1) 总体战略层次的任务。主要有:为组织确定在内外部环境制约条件下的发展途径、资源配置机制和激励机制,以及确定可行的业务组合与组织结构,同时协调组织的短期目标、中期目标和长期目标。

(2) 项目战略层次的任务。主要有:为具体项目确定资源动员机制,保持项目目标和组织目标的一致性,并为项目目标的实现确立可行的、满意的实施途径。

(3) 最基础的职能战略层次。主要任务就是分解组织的目标,明确各自的职能在组织目标实现中的地位和责任,并以有效率的工作和创新来配合项目的实施。

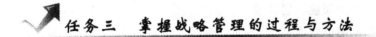

任务三 掌握战略管理的过程与方法

S 情境导入

"NPI公益组织发展中心"(简称"NPI")于2006年1月在上海成立。作为一家新生的专业非营利支持型组织,一路走来的历程也颇有一些跌宕起伏。但依靠有效的战略管

---

[1] 〔美〕汤普森·斯迪克兰.战略管理:概念与案例[M].王智慧,译.北京:北京大学出版社,2009.

理,最终得以度过艰难的创业期,并获得快速、稳步的发展。"NPI"自创立至2008年7月的两年半时间里,根据机构使命和实际情况确立了战略目标,以公益孵化器为核心业务,辅以推动和引导各类社会资源流入第三部门,承接政策研究和政府购买项目,争取政策环境改善等其他扶植初创期民间公益组织的业务模块,整合内外部资源组织实施战略计划,并根据外部环境的变化、机构内部条件的改变和战略执行结果的反馈信息等,不断进行新一轮战略管理的过程。

任务目标

(1) 战略管理在非营利组织管理中的作用。
(2) 战略管理的过程与方法。

知识链接

一、战略规划阶段

1. 战略规划的概念

战略规划是非营利组织战略管理过程中的重要一环。战略规划是指制定有关组织中长期规划的活动,它包括明确的组织使命、可达到的目标、实施的战略和相关的政策指导。制定一个切实可行的规划有利于组织在瞬息万变的环境中把握机会,逐步实现组织的使命和目标。一般而言,它包括以下几个方面的主要活动。

(1) 展现愿景和确认、陈述任务。
(2) 确认重要的环境变化及趋势的议题。
(3) 决定组织要强调的主要价值。
(4) 选择重大的关切性议题领域。
(5) 选择恰当的策略方向。
(6) 创设执行这些策略方向的行动议程。[1]

2. 战略规划的过程

管理大师彼得·德鲁克把非营利组织的战略规划简化为五个令人深思的问题:我们的使命是什么?我们的客户是谁?客户的认知价值是什么?我们追求的结果是什么?我们的计划是什么?

通过循序渐进地回答这五个问题,组织全体成员共同承诺计划,并通过计划的实施

---

[1] 黄波,吴乐珍,古小华.非营利组织管理[M].北京:中国经济出版社,2008.

和目标完成的情况，对组织的使命和愿景不断地调整和修正。非营利组织战略规划包括准备阶段、确定组织的愿景与使命、战略分析、战略计划的制订、战略选择五个功能环节。

第一阶段：准备阶段。

这一阶段主要是进行规划前的准备工作，为之后的战略规划打下基础。准备阶段的工作成果形式往往体现为一个战略规划的工作计划。在战略规划的准备阶段，需要完成以下五项工作：界定战略规划必须面对的特殊议题或抉择；厘清角色，明确分工和职责；成立5~7人的规划委员会；准备有关组织的基本材料；采集对规划决策有益的信息，如历年的财务信息、项目预算等。

第二阶段：确定组织的愿景与使命。

愿景是指组织当时及未来所要达到的基本公共目标和根本方向，是对组织发展蓝图的描述，是组织的灵魂。愿景是以组织使命为根据，在汇集组织每个员工个人心愿基础上形成的全体成员共同心愿的美好远景，是对组织未来发展方向的一个高度概括性描述，它使人们对几年后的组织有一个美好的憧憬。愿景是一个组织用以统一组织成员的思想和行动的有力武器，可以用来激发员工、志愿者、资金资助者和潜在的支持者等不同群体的热情。

另一个与愿景相关的概念是使命，使命旨在解决"组织为什么存在"这个问题，是对组织的服务范围、市场目标等问题的回答。达成一个组织上下共同认可的使命是组织制定战略规划的重要前提。

以下是国内外部分非营利组织的使命陈述。

中国红十字会：保护人的生命和健康，发扬人道主义精神，促进人类和平进步事业。

壹基金：传播人人参与的公益文化，搭建公信透明的可持续发展的公益平台；充分发挥公益组织救灾与防灾的积极作用，为各种自然灾难提供人道主义援助；推动中国公益事业专业化和规范化的发展。

大自然保护协会：通过保护代表地球生物多样性的动物、植物和自然群落赖以生存的陆地和水域，来实现对这些动物、植物和自然群落的保护。

国际人居组织：帮助穷人建造朴素、大方、便宜的房屋，消除住房贫困。

在这里需要注意，愿景、使命以及战略目标作为三个不同层次的概念，是有明显区别的，愿景以使命为基础，同时又是战略目标的纲领性文件，它既体现着使命，又要指导战略目标；使命是组织的出发点，有了使命，愿景就有了构建依据，战略目标的制定就有了基准；战略目标是愿景和使命的具体体现，是使命和愿景实现与否的重要衡量标准。具体而言，其区别主要体现在以下几个方面。

（1）使命回答的是"我们的业务是什么"，而愿景回答的是"我们想成为什么"，战略目标回答的则是"愿景、使命所预期达到的成果是什么"。

(2) 使命说明的是组织的根本性质和存在的理由，而愿景说明的是在这样的使命下组织如何做才能做得最好，战略目标说明的是在什么发展阶段组织应做到什么程度。

(3) 使命的陈述是相对抽象而长期的，而愿景则是比较具体的，其期限必须与战略期限相一致，战略目标则要体现为具体数字，既有长期的战略规划，又有短期的可操作性的安排。

在愿景与使命的陈述上，彼得·德鲁克指出，愿景是否明确已成为影响非营利组织存亡的关键。根据国内外非营利组织的成功经验，拥有界定明确且为多数成员认同并珍惜的愿景是一个杰出的非营利组织的主要特征。因此，愿景与使命的陈述变得尤为重要，需要使用简单、精练的语言来表达，同时富有想象力，并对成员产生很强的感召力，最后要求能得到社会公众的认可。

愿景的陈述对正式的计划制订非常重要，要求使用积极和肯定的预期加以陈述，一般由数百字到数千字组成。使命陈述遵循一个原则——简短。使命类似于广告口号，既要朗朗上口，又能把握组织的关键性特征，以最简洁的表达让受众群体明白组织的职能。此外，使命的内容不宜包括组织的服务范围和服务质量。

非营利组织在确定其愿景与使命时，通常要回答以下几个问题：我们坚持的价值是什么？我们的角色定位在哪里？我们应如何回应利害关系人？我们需要满足哪些社会与政治需求？我们如何用行动去满足这些需求？我们与其他组织的不同之处是什么？

第三阶段：战略分析。

战略分析即通过资料的收集和整理，分析组织的内外部环境，包括组织分析（组织内部环境分析）和环境分析（组织外部环境分析）两个部分。

(1) 战略分析的内容。

① 组织分析。组织分析又称组织诊断或评估，是把组织视为一个动态的有机整体，对组织整体及其各组成部门的目标、资源、能力、组织结构和政策等进行系统分析。组织分析主要涉及以下内容。

组织资源分析，主要分析组织的资金和物质资源、人力资源、服务/项目、竞争策略、组织文化等内容。其中，人力资源的分析主要从成员的品质、学历、专业水平、年龄以及各个层次的成员情况、离职率等方面着手。而组织文化分析则指对成员的价值观念、思维方式、精神状态和工作作风等进行分析。

管理与组织能力分析，包括组织文化管理、资金管理与筹款能力、资金运作能力、人事管理与组织能力、运作管理与能力、决策管理与能力、控制能力、外部关系管理与组织发展能力等。

组织结构分析，包括组织内专业分工、责任划分、权力关系、信息沟通和决策技巧实施等。

组织政策分析，包括对主要的服务群体（受益群体）的政策，具体表现在人力资源、

项目四 非营利组织战略管理

志愿者、资源分配等方面采取的政策等。

② 环境分析。环境分析又称趋势分析,是通过对组织外部环境进行的动态分析,把握其变化趋势,使组织能够顺应变化并处于有利的地位,以确保组织目标的实现。外部环境分析主要涉及以下内容。

宏观环境分析,旨在确定影响行业和组织的政治、经济、科学技术和社会文化因素中的关键因素,预测这些关键因素未来的变化,以及这些变化对行业与组织影响的程度和性质、给组织带来的可能机遇与威胁。主要涉及政治法律环境、经济环境、社会文化环境、技术环境四个方面。

政治法律环境:政府政策是否稳定和连续;政府对非营利组织的支撑程度;国家税收和汇率政策的变化;有关非营利组织的法律法规的制定和修改,尤其是税法的改革,对捐赠行为提供的减免税待遇等。

经济环境:国家宏观经济政策、国民经济发展趋势、居民的平均收入、产业结构、通货膨胀、外债的承受能力、利率变化率、价格政策、金融政策、货币政策、财政政策、税收政策、地区和消费指数的差距等。

社会文化环境:价值观、风俗习惯、文化传统、行为准则、对工作的态度变化和职业分布的变化等。

技术环境:国内外的科技进步、开发与利用以及相互交流情况等。

竞争环境分析,包括现有的竞争者、潜在的竞争对手、替代产品或服务对手等。

利益相关者分析,包括外部利益相关者与内部利益相关者、公益产权——社会责任等。

(2) 战略分析的方法。

在战略分析中,目前管理界常用的环境分析工具是 SWOT 分析法。非营利组织同样可以借鉴这一方法,通过了解本组织的优势和劣势,抓住组织外部的机会,规避组织外部的威胁。

SWOT 分析法亦称自我诊断方法,是 20 世纪 80 年代初由美国旧金山大学的管理学教授海因茨·韦里克提出的。SWOT 分析是指通过了解组织自身的优势与劣势,分析外部环境的风险与机会,在此基础上整合外部环境因素与内部资源因素,以制定良好战略。其目的就是,通过了解内外部环境,激励组织发挥优势,克服其劣势,从而最大限度地利用机会,规避威胁,实现组织利益最大化。

所谓 SWOT 分析(如表 4-1 所示),S 指组织自身优势(Strength),W 指组织自身劣势(Weakness),O 指环境中的机会(Opportunity),T 指环境中的威胁(Threat)。

SWOT 分析涉及:第一,自身能力分析(S,W),包括组织资源和能力的优势和劣势分析;第二,外部环境分析(O,T),包括分析环境提供的机会和存在的威胁。

表 4-1　战略制定的 SWOT 矩阵

内部因素＼外部因素	内部优势（S）如管理、运作、财务、市场营销、研究与开发、工程等方面的优势	内部劣势（W）如"内部优势"栏中相对处于劣势的因素
外部机会（O）（考虑风险等）如目前和未来的经济状况，政治和社会变革，新产品、服务和技术	SO 战略：极大—极大 潜在最成功的战略，充分利用组织内部的优势以及外部的机会	WO 战略：极小—极大 如为了利用外部机会，制定发展战略以克服组织劣势
外部威胁（T）如能源短缺、竞争以及与上栏"外部机会"中相似的因素	ST 战略：极大—极小 用内部优势来抵消外部威胁或规避外部威胁	WT 战略：极小—极小 如收缩、清算或合资，用以降低劣势和威胁的负面影响

资料来源：〔美〕海因茨·韦里克，哈罗德·孔茨.管理学：全球化视角[M].马春光，译.11 版.北京：经济科学出版社，2004.

经过 SWOT 分析，一个非营利组织可以有如下不同的战略匹配和选择。

① 优势-机会（SO）战略。SO 战略是一种将组织内部的优势与外部环境的机会相匹配，发挥组织内部优势和利用外部机会以达到组织目标的战略。从制定战略来说，这是任何组织追求的目标。从进行战略管理的过程来看，任何一个组织及管理者都希望充分利用自己的优势并避开自己的劣势，抓住外部环境所提供的机遇以求得发展。但是，要充分发挥自己的优势实际上与其他因素的控制和转化有关，因而这一战略的采用往往需要以其他战略如 WO 战略、ST 战略或 WT 战略来奠定基础。

② 劣势-机会（WO）战略。WO 战略的含义是指利用外部机会来弥补内部劣势。通常在这样一种环境下使用这一战略，即组织存在外部的机会，但内部却存在着劣势，妨碍着外部机会的实现。实际上，这是指组织在外部环境中具有组织发展的机会时，以利用这一机会得到发展为目标指向和契机，进行组织内部的更新。

③ 优势-威胁（ST）战略。ST 战略是利用优势来规避或减轻外部威胁影响的战略。

④ 劣势-威胁（WT）战略。WT 战略是在减少内部劣势的同时规避外部环境威胁的战略。与上述三种战略相比，这是一种防御性战略。一个处于内部有许多弱势而外部又面临许多威胁境地的组织，往往对外部机会的利用效率是很低的。

在 SWOT 分析过程中，最重要的就是确定什么是关键的内部因素和外部因素，因为所谓内部优势和劣势、外部机会和威胁，是由关键问题构成的。对关键问题的确定，要求战略规划制定者具有良好的判断力。良好的判断力不仅来自知识、经验，也要靠理性思维能力和非理性的自觉能力。因此，这也是整个 SWOT 分析过程中最为困难的部分。①

第四阶段：战略计划的制订

这一阶段的主要任务是在战略分析的基础上，结合组织的战略目标，根据确定的战略议题，提出处理战略议程中每个议题的具体行动方案。行动方案需能有效发挥组织优势，

---

① 黄波，吴乐珍，古小华.非营利组织管理[M].北京：中国经济出版社，2008.

克服劣势，充分利用组织外部的机会并规避或遏制威胁，是在策略之下阐明为达到组织目标而采取的具体步骤和方法。为了确保行动方案得到执行，宜将各方案的负责人与完成期限一并列出，并估计其资源需求。

第五阶段：战略选择。

在综合分析和评价各种行动方案的基础上，作出符合组织战略发展需要的、具有可操作性的战略选择。

战略选择有以下几个环节。首先是信息输入，即整理、分类、收集直接影响战略的组织内部优势、劣势，外部机会和威胁的信息。其次是评估，依靠整理的信息，将外部环境中机会、威胁和组织内部优势、劣势进行匹配，并进行方案适用性评估、可行性评估、可接受性评估，以及对相关利益人评估。最后一个环节是决策。组织需要重新审视组织愿景与使命，并评价组织运行环境。根据对备选战略作出的评估，还应完成组织的战略规划书。战略规划书要求阐述条理分明，以便于有效引导组织的运作，需包含的内容有：使命、组织简史、愿景、任务、中期目标、策略和行动方案等。

二、战略实施阶段

战略实施是战略管理的关键环节，是指通过行动计划、预算与操作规程的开发和实施，把战略计划转化为现实绩效的过程。战略实施过程包括诸多环节或功能活动，主要包括以下几方面的内容：一是明确实际目标与进展的指标；二是有效的资源配置；三是调整组织结构使之与战略相匹配；四是调整组织文化使之与组织战略相匹配；五是制定财务管理战略；六是建立和发展有效的沟通与协调机制；七是通过社会及政府营销，促进战略实施。

非营利组织战略实施过程中，最主要的活动内容有以下三类。

1. 相关利益人管理

相关利益人管理是指非营利组织的管理者为平衡不同相关利益人的要求而进行的管理活动。非营利组织追求的是相关利益人整体的、共同的利益，而不仅仅是某些个别主体的利益。这些相关利益人包括政府、捐资者、公众、服务对象、媒体等。在战略规划实施过程中，必须及时了解各相关利益人的意见和需求，并力求使他们在意见上一致，在行动上形成合力。

2. 组织职能结构管理

战略的变化往往要求非营利组织的组织结构发生相应的变化。组织结构的重新设计应能够促进最终的目的达成。组织结构的演变顺序是一个周而复始的过程：制定新战略—出现新的管理问题—组织绩效下降—建立新的组织结构—组织绩效得到改进—制定新战略。组织职能结构管理过程要注意以下几个方面的问题：① 组织结构的选择应与组织实施的战略相适应；② 组织结构要有一定的弹性，使组织的结构模式能够不断适应变化着的内外部环境；③ 在设计岗位时注意职、权、责要相匹配，上级对下级的控制幅度要适当。

3. 资源管理

每个非营利组织都至少拥有四种可以实现预期目标的资源：人力资源、物力资源、财力资源和技术资源。资源管理就是要保证最终结果的实现，必须合理安排人、财、物、技术等资源在各个部门、各个阶段的分配。

三、战略评估及控制阶段

战略评估及控制阶段是战略管理的最后阶段。战略评估及控制可以界定为：依据一定的标准和程序，对战略实施的效益、效率、效果及价值进行判断的一种行为，目的在于获得相关信息，作为决定战略变革、战略改进和制定新战略的依据。其中，控制就是监视各项活动以保证它们按计划进行并纠正各种重要偏差的过程。

由于组织内外部环境因素经常处于变化之中，所以，组织的既定战略需要做进一步的验证。组织要了解既定战略在不同时间阶段的实施情况，就需要通过战略评估及控制获得信息。战略评估及控制包括三项基本活动，一是检查当前战略的外部环境和内部条件，二是衡量战略执行的成果，三是采取纠正措施。

通过战略评价可以获得战略执行中的有关信息，可以对战略制定过程和战略执行过程进行控制，以确保战略的进一步完善，最终达到组织的战略目标，实现组织使命。

1. 战略评估的分类

首先依据评估的主体，可分为自我评估和外部评估。

（1）自我评估：指组织在战略实施的过程中发现问题并及时调整。

（2）外部评估：由第三方机构评估。一般由其他组织，如专门的评估机构、政府，也可以是公众，对非营利组织战略过程进行评估。

其次依据评估的时间，可分为前期评估（预评估）、中期评估和后期评估。

（1）前期评估（预评估）：在战略规划开始实施之前进行的可行性分析。

（2）中期评估：在战略规划实施过程中对实施效果的评测，主要包括因内外部环境的重大变更而对战略的影响和调整、困难和问题的诊断与纠正两个方面的评估。

（3）后期评估：在整套战略实施之后，对战略实施全过程及结果进行的系统性评估。

2. 战略评估的内容

（1）组织环境评估。主要是对非营利组织内外部环境的评估。关注组织外部战略因素是否已发生重大变化，组织内部战略因素是否已发生重大变化。其中，内部战略因素的评估主要包括以下几个方面。

① 组织的优势是否依然是优势？

② 组织是否增加了其他优势？如果是，有哪些？

③ 组织的不足是否依然是不足？

④ 组织是否有了新的不足？如果是，有哪些？

⑤ 组织机遇是否仍然是机遇？

⑥ 组织是否增加了其他机遇？如果是，有哪些？
⑦ 组织以前的威胁是否仍然是威胁？
⑧ 组织其他威胁是否增加了？如果是，有哪些？
⑨ 组织是否容易被竞争对手所兼并或接管？

非营利组织可以通过建立修正的外部因素评价矩阵和内部因素评价矩阵的方法来检查组织战略的潜在基础。修正的内部矩阵应侧重于组织在管理、组织机构、研究及计算机信息系统方面优势和弱势的变化。修正的外部矩阵应表明组织战略如何对关键机会与威胁作出反应。

（2）绩效评估。绩效评估主要衡量组织是否令人满意地朝既定目标发展。具体包括以下内容。
① 战略实施是否依照目标进行？
② 哪些目标已经完成和尚未完成？
③ 核心战略的整体成就与实施状况如何？
④ 长、短期重点目标的整体成就与实施状况如何？
⑤ 没有完成规划的原因。

这一活动需要把预期结果与实际结果进行比较，研究实际进程相对于计划的偏离，评价个人绩效。战略评估的标准应当是可度量和易于调整的，所以在这一过程中，长期目标和年度目标都可以得到评估。

（3）采取纠正措施。作为战略评估的最后一项行动，采取纠正措施要求通过变革使组织能在未来重新进行更有竞争力的定位。其中可能需要进行的变革包括调整组织结构，对某一个或多个关键成员进行调换，建立或修改目标，制定新政策，重新配置资源或采取新的绩效激励措施等内容。但是需要注意的是，采取纠正措施不一定意味着放弃现行战略或必须制定新战略。

首先要建立一个控制的标准，选择控制对象和控制重点：成员态度、公共责任等一系列因素中哪些是应该关注的重点？如何对资源配置才能达到最大效率？如何组织活动能够最大限度地符合战略实施目标？

其次，纠正偏差。在依据客观的标准对工作进行衡量后，对实际工作中战略的执行情况与控制标准进行分析比较，重新审视长期目标、短期目标、核心战略三个方面，判断组织战略发展情况，发现执行中的偏差。找出产生偏差的原因，采取相应的措施予以纠正。

拓展训练

（1）根据你所学习到的知识，思考如何为发轫于少数民族地区的本土NGO制定战略管理规划，以解决当前发展迟缓、专业性差、目标不明确、步履不畅等问题。以广西为例，目前活跃的草根 NGO 不超过 30 家，坚持 10 年以上的仅有两家，其一就是安琪之家。请以安琪之家为例，进行机构战略管理规划思考。

(2) 战略管理在非营利组织运行发展过程中，到底能发挥什么样的作用？有哪些优势？又有哪些需要注意的地方？

非营利组织领导与治理

项目概述

本项目主要任务是帮助读者了解领导与管理的区别,熟知非营利组织中的领导技能,以及掌握非营利组织理事会治理。通过该项目的学习,应该学会如何区别领导与管理,重点学习非营利组织中的领导技巧,把握理事会的主要职能及掌握有效的理事会治理。

引言

著名的管理大师彼得·德鲁克曾指出,非营利组织在运作管理上堪称企业楷模,因为它们不靠"利润动机"驱动,而凭借"宗旨"凝聚和引导,使得运作管理具有更加实质的内容,同时也向管理者提出了更高的要求,将其置于不仅要依靠领导魅力,更要依靠组织的凝聚力和宗旨的境地。那么,在今天的非营利组织中,内在的驱动力究竟是什么?是谁在提供驱动力?这些驱动力是如何推动非营利组织有效运作的?我们将通过这一项目来学习非营利组织的领导与治理,探索和理解蕴藏于非营利组织中的深意。

任务一 了解领导与管理的区别

情境导入

《西游记》中师徒四人去西天取经,三个徒弟神通广大,一路帮唐僧斩妖除魔。尤其是孙悟空,出力最多,贡献最大。可是,为什么孙悟空非要跟着唐僧去取经呢?如果孙悟空自己去取经,不就麻烦少多了吗?唐僧究竟有什么东西,是孙悟空没有的呢?究竟是什么因素使得唐僧可以做领导,而孙悟空只是一个打工者呢?

任务目标

(1) 分析唐僧为什么能成为领导。
(2)《西游记》反映出了哪些领导艺术?
(3) 结合《西游记》,思考领导与管理的区别。

知识链接

一、什么是领导

"领导"是组织目标达成的关键之一,因此,在社会各行各业中,只要是有特定目标需要达成的组织,就离不开"领导"。"领导"一词,在词典上的解释为率领并引导朝一定方向前进。中外学术界对"领导"的定义各执一词,众说纷纭。在众多的定义中我们倾向于将其限定为在社会共同活动中,具有影响力的个人或集体,在特定的结构中通过示范、说服、命令等途径,动员下属实现群体目标的一个群体参与过程。好的追随者不是一群只会说"是"的盲从者,领导的理想状态是领导者与追随者共同分享着领导过程,每个人都全身心投入并承担更多的责任。[1]

二、什么是管理

在管理学中,"管理"一词的定义也同样各有千秋。法国管理学家亨利·法约尔认为,管理是所有的人类组织(不论是家庭、企业或政府)都有的一种活动,这种活动由五项要素组成:计划、组织、指挥、协调和控制。美国著名管理学家、经济学家,被后世称为"科学管理之父"的泰勒,认为管理就是确切地知道要别人去做什么,并使他用最好的方法去做。被喻为现代管理学之父的彼得·德鲁克指出管理是一种以绩效责任为基础的专业职能。经济组织决策管理大师,第十届诺贝尔经济学奖获奖者赫伯特·西蒙曾说管理就是决策。

三、领导与管理的区别

关于领导与管理的区别,在学术界已有诸多的论述与分析。这些研究不仅仅是人们在认识上的深化,也是人们在实践经验中精确分析"领导"与"管理"关系的成果的升华。

---

[1] 〔美〕理查德·L.达夫特.领导学原理与实践[M].杨斌,译.北京:机械工业出版社,2005.

当然，我们区分"领导"与"管理"这两个有重叠意义的概念，原本是为了解它们之间的差别，但由于人类活动本身所具有的复杂性，因此两个概念的意义也无法完全分离。从科特与扎莱兹尼克的观点中，我们可以看到"领导"似乎更适合当下环境中非营利组织的发展。但在此本书更愿意将两个概念总结为，领导是更加注重人员整合、团队协作，从全局上把握组织发展的管理；管理是重视目标、确保任务，从细节掌控上推动组织进步的领导。

四、非营利组织中领导的特征

我国台湾学者江明修对"非营利组织领导"的定义是：决定非营利组织使命和目标，促进组织资源之运作，并引导组织持续、维持、创造和发展的一种动态历程。[①]

非营利组织的领导是一个过程，领导者在这个过程中占据核心位置。一个好的非营利组织领导必须具备一定的特质，才能使组织成员各司其职，使自己的才能得到最大限度的发挥，让组织达成其宗旨。

1. 以组织宗旨为先

组织的宗旨不是空洞的座右铭或教义，而是领导在作决策时的准则与依据。我国学者李维安指出，非营利组织领导不同程度地以愿景和价值为导向，注重对人的精神激励与心智改造，通过触及追随者心灵深处的影响力，在追求高绩效工作目的的同时，推进个体的成长和群体合作力的提升。[②] 因此，非营利组织的领导者必须具备遵循组织宗旨，肩负组织使命精神的特质，才能在各项工作中有效地把握组织成员的精神动向，合理地引导组织的发展方向。

2. 民主作风的弹性化领导

非营利组织不同于政府和企业等其他组织。在非营利组织中，领导者需要面对的是大量的志愿者和少量的专职人员，在这样一个规则不明确，较为松散的组织中，传统的生硬的规章制度往往难以维持组织的良性运作。相反，采取具有弹性的更为民主的领导方式，更加有利于对组织成员的管理。同其他组织相比，非营利组织的领导者，应当注重人性化的关怀，感受组织成员的需求，建立起组织中相互关爱、支持的互助网络，注重组织文化的建设。这样才能使组织中的成员感到精神上的愉悦，使他们能更加主动、更加热情地投入到奉献社会的事业中。

3. 多元的领导

一个非营利组织的运作，需要获得多方面的资源支持。在联络、调动、整合内外部资源时，多元的领导是不可或缺的必要条件。良好的沟通技巧、敏锐的洞察能力、积极向上的进取心态等，都是非营利组织的领导者需要具备的技能。拥有多种技能的领导者通常更能对非营利组织的发展起到良性推动作用。

---

① 司徒达贤等.非营利组织经营管理研修粹要[M].台北：洪建全教育文化基金会，1997.
② 李维安.非营利组织管理学[M].北京：高等教育出版社，2005.

任务二　熟知非营利组织领导技能

S 情境导入

卓越的领导能力是一个组织成功的关键因素，尤其是在面对多变的环境时，组织的领导者更应该扮演好领航者的角色。在非营利组织中，领导者的重要性相对其他组织来说更为凸显，领导者本身的素质会很大程度上影响组织的形成与发展。当然，领导从来不是呆板、单一的固定规则，而是在特定的结构中通过各种方式，动员组织成员实现群体目标的一个群体参与过程。在本任务中，我们要探讨非营利组织中领导者扮演着什么样的角色，具备什么样的特征，不同风格的领导通过什么样的方式、手段来进行组织建设，从而达成组织目标。

T 任务目标

（1）认识非营利组织中领导者的角色与权力。
（2）掌握不同风格的领导方式所具备的技能。
（3）在非营利组织中，什么样的领导方式更适合组织发展？

K 知识链接

一、领导者角色

领导活动的有效性，通常取决于领导者在其工作中能否胜任各种领导角色，并能在各种角色间进行自如的切换。在现代组织中，领导扮演的角色到底有多少种，学者们从不同的角度提出了不同的看法。

斯蒂芬·科维在其《新型领导者的三种角色》中谈到对领导者角色的看法。他认为，领导者应扮演好"组织文化创建者""坚持原则的模范""培养青年人强烈责任感的责任者"这三种角色。

管理大师彼得·圣吉在《第五项修炼》中阐述了他对领导者新角色的看法，他认为领导者的新角色有以下三种。[1]

---

[1]〔美〕彼得·圣吉.第五项修炼——学习型组织的艺术与实务[M].郭进隆，译.上海：上海三联书店，1998.

（1）轮船的设计师。如果把组织想象成一艘油轮，人们在形容组织领导者时，常常会联想到的有"船长""设定方向的领航员""实际控制方向的舵手"等。彼得·圣吉认为有一个角色常常被忽略，那就是轮船的设计师。设计师的影响力是无与伦比的。如果船长下令向右转舵30度，而设计师所设计的舵只会向左转，或花6个小时才完成转舵，船长能发挥他的功能吗？如果组织的设计不良，担任这个组织的领导者必将徒劳无功。

（2）领导者是仆人。领导者会把自己的组织视为给社会带来改变的工具。这是使命的力量，因为它提供一套整合为一体的理念，以此来使领导者工作的每一面向都具有意义。在这种深层的理由和生命意识之中，领导者发展出组织与自己个人愿景的独特关系。他变成愿景的"仆人"——永远忠于自己的愿景。

（3）领导者是教师。组织愿景的实现并不是件容易的事情，需要领导者将"愿景"这一个抽象的概念转化成真实的创造媒介。领导者在组织中，要扮演一个教师的角色，细化组织的使命，将其变为具体的、可达成的目标。

凯拉·珐仁和贝菲里·卡耶在《扮演领导者角色所需的新技能》中提出了领导者应该在领导活动中熟练掌握的五种角色以及他们的主要领导活动。①

（1）促进者。

① 帮助人们明确自己的职业价值、工作兴趣以及技术能力。

② 帮助人们认识长期工作计划的重要性。

③ 营造一种公开、坦诚的气氛，有助于人们讨论各自工作中遇到的问题。

④ 帮助人们理解和弄清楚他们从工作中到底需要得到什么。

（2）评估者。

① 把个人的成绩和名誉真实地反馈给每一个组织成员。

② 使每个组织成员清楚评估成就的标准和期望值。

③ 留心听取人们的想法，以便知道他们目前的工作中什么东西是最重要的以及他们想怎样改善它。

④ 指出人们的成就、名誉和工作目标间存在的关系。

⑤ 对于个人如何提高自己的成就和名誉提供具体的行动建议。

（3）预测者。

① 提供组织、职业和产业信息。

② 帮助人们发现并使用补充信息源。

③ 指出可能影响人们职业前景的新趋势和新变化。

④ 帮助人们理解组织的文化和行政现状。

⑤ 把组织的战略目标传达给每一个组织成员。

---

① 刘银花，姜法奎.领导科学[M].沈阳：东北财经大学出版社，2011.

(4) 指导者。

① 帮助人们区分各种各样的有用的工作目标。

② 帮助每个人选择符合实际的工作目标。

③ 把个人的工作目标与组织的需要和战略意图联系起来。

④ 指出个人在实现工作目标的过程中可能遇到的有利条件和不利条件。

(5) 最终帮助者。

① 帮助个人开发详细的行动计划去实现各自的工作目标。

② 通过安排组织成员同其他行业或组织的人们进行有益的交流来帮助组织成员实现各自的目标。

③ 同能够提供潜在机遇的人讨论组织成员的能力和工作目标。

④ 帮助人们同实施工作行动计划所需的资源建立联系。

二、领导者的权威

领导者的权威的实质就是领导者的影响力。在组织中,领导就是通过自己的权威去影响组织中的每一个成员来实现组织活动目标的。这种影响力通常来自两个部分:一是职位的权力,二是个人的威望。

职位权力是由领导所处的职位赋予的,有职位则有权力,通常下属都出于压力或习惯不得不服从这种职权。职位的权力通常包含了奖赏权、惩罚权和合法权。个人威望与所处的职位没有直接的联系,这种影响力通常来源于领导者的个人素质与人格魅力。例如,领导者丰富的学识、良好的人际交往能力、与人为善的行为习惯等都会为领导者建立起良好的个人威望,而这些个人威望也会反过来巩固其职位权力。个人威望包括模范权和专长权。

再进一步细分领导的权力,不同的学派对领导的权力基础有不同的观点。德国社会学家马克斯·韦伯曾将权力分为三种:法理权力、传统的权力和虔信的权力。被誉为"行政管理之父"的法约尔把权威分为职务权威和个人权威两种。前者来自职位和等级,后者来自个人的才智、经验、领导能力和过去的业绩。心理学家弗兰奇和雷文将权力划分为五种:合法权、奖励权、强制权、专长权、人格权。后来余克增加了"信息权",并将人格权分为说服力和魅力。上述几种分类中,以弗兰奇和雷文的分类最广为认可。

(1) 合法权。来自下级传统观念上的认可,即下级认为领导者拥有合法的权力来管理自己,从习惯上趋于服从这种合理化的权威。但这种服从并不能带来高昂的工作激情与高效率。

(2) 奖励权。来自于下级追求满足的欲望。它是强制权的相对物,是一种正强化手段,它指的是领导者采取奖励的办法来引导下级完成工作。奖励的方式有表扬、加薪、升职等。这种方式通常可以激发下级的工作激情,提高工作效率。

(3) 强制权。这种权力来自于下级对上级的恐惧感,因为这种权力可以使不服从要求或命令的人得到相应的惩罚。组织中强制权的主要实施手段有：批评、降薪、降级、解雇等。强制权是一种负强化手段，其作用主要是禁止某些行为的发生，它的运用容易导致关系趋于紧张，甚至触发反抗和正面冲突。

（4）专长权。来自下级的尊敬，它基于领导者的专业知识、特长和影响能力。通过这种卓越的专业知识来引导下级工作，通常能得到下级内心的尊重与佩服，这样的影响力往往更为持久。

（5）人格权。主要是指领导者个人的某些人格特质，如领导者有个人魅力的作风、幽默风趣的个性、高超的社交能力以及感染力等，这些因素可以引起下级的崇拜、钦佩，使下级甘愿模仿跟从。

三、领导风格

不同的领导风格是建立在不同的领导理论基础之上的。组织行为学的奠基人之一卢因的领导作风理论专门研究了领导者工作作风的类型，把领导者的领导行为分为三类。

（1）专制式。领导者以力服人，即靠权力和强制命令让人服从，领导者独断专行，下属没有参与决策的机会，多数时候只能奉命行事。领导者采取的惩罚权多于奖励权。领导者与下级保持一定的距离。

（2）民主式。领导者注重人际关系，以个人的能力、和善的态度、亲近的形象来巩固自己的权力。所有决策都在领导者的鼓励和协调下由群体讨论产生，分配工作会考虑个人兴趣与能力。领导者多用鼓励来引导下级完成工作。团队气氛良好，领导者与下级之间关系较近，没有心理距离。

（3）放任式。领导者将权力分散于每个组织成员的手中，让其自行做出决策。实际上，这种领导方式缺乏规章制度，组织比较松散。领导者的权威地位不稳固。

李维安通过对现代领导学的研究，将领导者归纳为以下几种类型。[①]

（1）任务导向型领导者。任务导向型领导者极其强调任务和工作的要求，他们不太重视人的因素，不注重与员工的交流。这种风格的领导者常常靠目标驱动，他们极具控制力，对员工严厉苛刻。

（2）人际关系导向型领导者。人际关系导向型领导者强调与下属的人际关系而不大关心任务的完成情况。这种风格的领导者注重考虑员工的态度和感受，确保下属的个人和社会需求获得满足。人际关系导向型领导者对任务的推行不够到位，更可能对各种冲突和危机应对不力，因此在那些高强度、高难度的非营利事业中，这类领导往往效率低下。

（3）贫乏型领导者。贫乏型领导者既不关心任务，又不关心人员。这种风格的领导者采取收敛和退缩的方式实施领导，在行为上尽量保持不介入。他们通常很少与下属联系，对事物漠不关心，态度含糊、听天由命并且毫无兴趣。显然，贫乏型领导者对人和工作都

---

① 李维安.非营利组织管理学[M].北京：高等教育出版社，2005.

缺乏足够的关注与热情,这与非营利组织领导者那种高度投入与敬业的要求是格格不入的。

(4) 中庸型领导者。中庸型领导者采取一种折中主义的行为模式,即对任务和执行任务的人都保持一定的关心。这种风格的领导者在考虑员工因素和注重工作要求这二者之间寻找一个平衡点或者是将二者混合。一方面,他们放弃了一些对工作的强力推动行为,另一方面,他们也减少了对员工需求的关心程度。这种领导者只能维持平庸的绩效,通常无法达到高目标,因此,只适于担任限于某些特定局域内的维持型非营利组织的领导。

(5) 团队型领导者。团队型领导者既强调任务导向,也重视人际关系,他们努力促成组织内高度的团队合作和参与,他们注重目标激励,也注意满足员工的基本要求,以使其能更好地投入到工作中去,且富有责任心。这种风格的领导者善于鼓励员工,他们行事果断,事务公开,明确事务的优先顺序,坚持不懈并且热爱工作。作为一种积极而有力的领导风格,团队型领导特别适合那些面临复杂环境、具有成长性以及需要人的高度投入的企业和非营利组织。

各种领导风格并不是完全彼此独立的,在面对不同的任务、不同的组织成员时,领导者需要学会如何切换领导方式,改变领导风格,适时地作出灵活的应对。

任务三 掌握非营利组织理事会治理

S 情境导入

非营利组织的决策和治理要依靠一定的组织结构和制度。理事会是非营利组织治理结构的核心组成部分,承担界定组织使命、监督组织运行、制定组织战略规划等职能,对组织绩效负有最终的责任,有效的理事会治理会促使组织有更高的效力。为什么理事会是非营利组织治理结构的核心和关键?在非营利组织中,理事会有哪些具体的功能?它是如何发挥其角色功能的?通过本任务的学习,希望能引导大家更多地思考这些问题。

T 任务目标

(1) 非营利组织理事会的一般职能和核心职能分别是什么?
(2) 了解非营利组织理事会的结构及其实际运作方式。
(3) 为中国的非营利组织理事会治理提供一个基本的框架。

知识链接

一、非营利组织的治理结构

非营利组织的治理结构应该包括非营利组织内部的组织机构设置——理事会、会员大会、监事会、秘书处,以及组织机构的运行规范两个方面。理事会是非营利组织的最高决策机构,也是问责主体。它由会员大会选任,受监事会监督。会员大会是最高权力机构,在整个非营利组织体系中,会员大会选出理事、监事若干后组成理事会与监事会。监事会是非营利组织的监督机关,向会员大会负责,受会员大会监督,如图 5-1 所示。

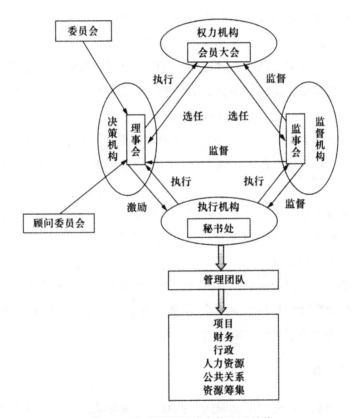

图 5-1 非营利组织的内部治理结构

二、理事会的职能

在非营利组织的治理中,理事会无疑占领着最核心的主导地位,对非营利组织的运作起着领航作用。理事会的职责十分广泛,可谓包罗万象。具体可以概括为以下几项。

(1)制定组织的使命和目标。制定组织的使命与目标是理事会最为根本的职责。明确的使命和坚定的目标可以指导组织做好长期的规划,帮助理事会作出正确的决策,保障组织项目运作的方向。

（2）选择与评估执行主席。仔细甄选执行主席（有的称作会长），拟定其工作内容与职责，支持其工作的完成，定期进行评估，并在适当的时候依据需要更换执行主席，决定管理层的薪酬。

（3）财务监管。一般来讲，理事会通过参与制定年度预算并对其进行审批来履行自己的财务监督责任。理事会应要求执行机构提供清晰的、准确及时的财务报告，坚持采用独立的审计员进行年度审计。此外，确保现金管理制度的执行，监督重要职员的工作表现等，都是理事会的职责。

（4）资源筹集。非营利组织没有经营性的活动来获取利润支持组织发展，需要通过足够的资源来保持组织的有效运作，实现组织使命与目标，因此非营利组织理事会一个重要而特殊的职能就是为更好地实现组织宗旨而持续性地筹集必要的资金。

（5）制定有效的组织规划。理事会应该坚持对组织进行全面有效的规划，帮助组织及其成员将组织使命转化为可实现的具体目标。要制定全面有效的规划需要组织成员的积极参与、广泛讨论，理事会可组织专职员工来负责制定战略规划的具体筹划事项。

（6）维持组织公信力，提高组织公众形象。随着非营利组织的发展，更多公众的目光被吸引，非营利组织就会受到日益严格的公众监督。理事会应该确保组织遵守法律规范、道德要求以及组织内部的规章制度，注重自身的形象，并积极与公众进行沟通，制定良好的公共关系策略。

（7）审核与监督组织的项目和服务。确保组织进行的项目与提供的服务与组织的宗旨和使命的一致性，是理事会的重要职责。每个理事会都应该合理地分配组织中的各项资源，以确保项目与服务的质量。

（8）自我评估。除了监管组织中的执行机构、高层人员，理事会还需要定期评估自身的工作绩效。考核理事会成员的个人工作态度、质量、效率，适时对理事会成员进行选拔、替换、任免，保证理事会的决策能力与活力。

三、理事会的类型

发挥上述所有的职责，是理事会职能发挥的一个理想状态。由于不同组织的使命、目标不同，组织中的领导工作风格不同，每个组织所面临的社会环境、得到的支持不同，每个组织都呈现出不同的组织形态。因此，不同的组织中的理事会承担着不同的组织职能。我们可将非营利组织理事会总结为以下几种类型。

（1）理事长主导的理事会。此类理事会中，权力往往掌握在理事长手中。这种权力可能来自于理事长的职务权威，也可能来自于理事长的个人权威。组织成员服从于理事长的职位威严或者崇拜理事长的个人技能与人格魅力。理事会的决策权集中把握在理事长手中，少有意见与分歧的产生。

(2) 权力分享为主导的理事会。此类理事会将权力分散，强调组织成员平等、广泛地参与讨论，通过团队协作与商议之后才形成决策。这个类型的理事会通常能够提供让组织成员都满意的，符合组织使命的决策，但这些决策通常比较保守、中庸，缺乏革新组织进步的力量。

(3) 权力冲突的理事会。权力冲突是指理事会中存在有分歧的派别和小团体，掌握着组织的部分权力，组织权力被分割。冲突与矛盾在理事会会议中常有发生。这类理事会通常很难提出真正有效的决策，但如果能够合理地处理矛盾，也能为组织注入新的血液，帮助组织发展。

(4) 无权的理事会。这类理事会通常是由理事会成员消极的态度、缺乏管理的制度而导致的。理事会成员作风散漫，无人关心组织事务，毫无目标。他们不清楚自己的职责，缺乏强有力的领导者。这类理事会无疑会阻碍组织的进步与发展。

四、理事会的规模

非营利组织理事会的规模大小没有一个固定的标准，根据不同组织的使命和目标而定，只要是适用于组织的模式就是好的。随着非营利组织的发展，组织的大小、结构都呈现出一些有规律的变化。以往的观念中，我们往往认为大的理事会更有代表性，能获取更多的资源，更能推动组织的进步。但从多年的经验中，我们发现，现有的组织更多倾向于小型的理事会。因为小型的理事会能够让理事会成员更充分地参与组织决策，理事之间的沟通也更密切，能有更高的效率。

五、理事会的运行机制

理事会的有效运行是非营利组织实现其目标的前提。要理事会有效运行，即是使理事会发挥其各种职能，在不同的情境下，推动组织的各个部分有效地转变工作重心，把握组织方向，协调运作。

1. 有效的理事会会议

理事会会议的目的是听取各方建议，通过讨论、协商作出一致性的决策。也就是说理事会作决策是一个分歧、磋商、妥协、达成一致的过程。理事会会议承载着组织的愿景、使命、目标、各种决策，要达到理事会的高效运行，就必须依赖有效的理事会会议。有效的理事会会议要注意以下要素。

(1) 忠于组织使命。每次理事会会议都应该以组织的使命为前提和出发点，这样才能使讨论出来的决策符合组织的宗旨。

(2) 理事会安排。理事会的安排包括会议的频率、会议的周期、会议的准备、议程的安排等。对理事会会议提前进行合理的安排才能保证会议有质量地进行。

(3) 会议评估与反馈。理事会在会议结束后，花一些时间整理会议记录，回顾会议过程,反思会议中的不足。将评估整理成书面报告,在下一次的会议中向理事们反馈,以改进会议中的不足。

2. 各种专业委员会的有效运作

发展到一定规模的非营利组织,通常需要更为专业化的分工来保障理事会的高效运作。因此各种专业委员会作用的发挥,也是理事会运行机制中不可或缺的部分。通常,不同的组织,在委员会设置上有所差异。一般来说,常见的委员会有执行委员会、审计委员会、提名委员会、筹资委员会、薪酬委员会、公共政策委员会,如图5-2所示。

执行委员会:理事会的常务理事,处于组织的控制核心,是理事会中的主要协调机关,安排理事会的日常活动,协调其他委员会的工作。

审计委员会:主要职责是选择外聘的独立审计师,评估本组织财务报告活动,核定外部审计机构所提供的审计服务,披露年度报表或者其他内部信息。

提名委员会:负责向组织提供符合组织要求的理事会人选,也负责考察现有理事会成员的工作态度与表现,评估理事会工作的绩效。

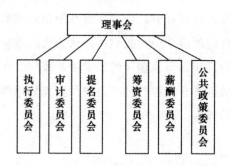

图5-2 非营利组织理事会委员会组成

筹资委员会:由于非营利组织的发展严重依赖外部的资源供给,筹资委员会在非营利组织理事会中扮演的角色至关重要。筹资委员会是非营利组织理事会中的特色部门,负责制订筹资方案、监督筹资活动执行、对筹资活动进行评估和反思。

薪酬委员会:负责监督理事会成员的工作态度、工作能力,并通过评估,合理地对组织成员采取薪资上的奖惩与调整。

公共政策委员会:负责为组织的长远发展制定各项战略,包括审查组织的宗旨,评估组织工作绩效以及塑造组织对外的公关形象。

当然,专业委员会的设置要根据组织理事会具体的职责分工来决定。但无论如何设置,最终的决定权仍然掌握在理事会的手里,设置专业委员会的目的正是为了更好地发挥理事会的职能。

拓展训练

根据你的理解,结合实际思考非营利组织与营利组织的领导角色、权力以及领导方式有何区别。

非营利组织人力资源管理

项目概述

本项目主要介绍非营利组织人力资源的构成及管理特征，熟知志愿者的招募与管理，掌握人力资源管理的基本任务与策略三项任务。通过该项目的学习，应重点掌握非营利组织人力资源管理的基本内容与方法，明白非营利组织中志愿者招募方法和管理技巧，并能理解人力资源管理在非营利组织中的重要意义。

引 言

随着社会的发展与进步，人力资源的重要性日益彰显，已经成为营利组织的核心资源。著名的管理大师彼得·德鲁克称"管理的真谛在于它是一门关于人的学问"，而人力资源管理就是这门学问的引论。对于非营利组织来说，人力资源管理要比营利组织的人力资源管理做起来更困难。因为非营利组织的员工不仅为了生计而工作，更是为了一种理想。因此，如何对这一重要资源进行有效的运作与开发，也就成了事关非营利组织本身的运作、发展和使命完成的重要环节。那么，究竟什么是非营利组织的人力资源管理？非营利组织的人力资源管理与一般营利组织的人力资源管理有什么区别？非营利组织的人力资源管理的构成及管理特征有哪些？志愿者招募与管理又是如何进行的？非营利组织的人力资源管理的基本内容和方法有哪些？希望同学们通过对本项目的学习，能够找到答案。

任务一 了解人力资源的构成及管理特征

情境导入

非营利组织的人力资源需要管理，但究竟什么样的人力资源管理体制最适合非营利组

项目六 非营利组织人力资源管理

织这个第三部门呢？非营利组织应该向"唯利是图"的企业学习管理之道吗？在人才上，中国本土的非营利组织如何同国际上资本雄厚、管理规范的国际非营利组织竞争？要回答以上问题，我们就需要了解非营利组织人力资源和人力资源管理的基本知识，了解非营利组织人力资源管理的基本特征及相关理论知识。

任务目标

（1）非营利组织人力资源的构成及管理特征有哪些？
（2）非营利组织人力资源管理中涉及了哪些相关理论知识？
（3）非营利组织人力资源管理与营利组织的人力资源管理有什么区别？

知识链接

非营利组织的一个重要特征就是劳动力高度密集，整个慈善性的非营利性组织有将近一半的支出用在了人员的劳动力成本支出上，除了非营利组织的员工之外，还有起到支持功能的大批志愿者，志愿者服务的产值在美国估计超过1500亿美元。根据美国国内税务局公布的数据，截至2010年8月，在国内税务局登记的非营利组织总计达到157万家，其中包括了近100万家公共慈善组织和近12万家私人基金会，雇佣的员工占全国就业人数的10%。① 非营利组织的成功在很大程度上取决于其人力资源，取决于他们的责任感、他们的热情、他们的智慧和他们的进取精神，因此人力资源管理的成功与失败决定了非营利组织的成功与失败。由此看来，非营利组织的人力资源管理在大多数的非营利组织中都是一个重要的课题。

一、人力资源的含义、构成及性质

1. 人力资源的含义

一般意义上的人力资源的含义是指在一定范围内能够推动经济和社会发展的具有智力和体力劳动能力的人口的总和，它包括现实的人力资源和潜在的人力资源两部分。现实的人力资源是指一个国家或一个地区在一定时间内拥有的实际从事经济和社会发展活动的全部人口，包括正在从事劳动的人口以及由于非个人原因暂时未能从事劳动的人口。潜在的人力资源是指处于储备状态，正在培养成长，逐步具备劳动能力的，或者具有劳动能力，但由于各种原因不能或不愿从事社会劳动的，并在一定条件下可以被动员投入经济与社会发展的人口总和。

---

① 徐正，邓国胜.美国非营利组织的规模与结构[J].学会，2011(3).

2. 人力资源的构成

人力资源的构成有两个基本要素,一是人力资源的数量,二是人力资源的质量。人力资源的数量是指一个国家或地区范围内劳动适龄人口总量减去其中丧失劳动能力的人口,加上劳动适龄人口之外具有劳动能力的人口。它是衡量人力资源总量的基础性指标。人力资源的质量是指劳动者的体质、劳动者的智质、劳动者的文化教养和受教育程度以及劳动者的思想觉悟和道德水平等因素,[①] 是反映人力资源的质的因素。

3. 人力资源的一般性质

非营利组织的人力资源是国家人力资源总体结构中的一部分,因此它具有一般人力资源所具有的一切基本性质,又具有作为社会服务部门人力资源的特殊性质。人力资源的一般性质表现在以下几个方面。[②]

(1) 人力资源生成过程的时代性与时间性。任何人力资源的成长与成熟,都是在一个特定的时代背景下进行的。一个时代的社会状况,会影响和制约在这个时代中发展起来的人力资源,培养出一代或几代人力资源特定的价值观念、道德观和认知方式等,并会体现在他们的工作行为和态度上。人力资源生成的时代特征,意味着人力资源管理不能脱离其管理对象的时代性。这样才能在人力资源不断开发的过程中确立目标和方向。同时,人力资源的培养既需要资金投入,又需要时间。

(2) 人力资源的高增值性。这一特征体现在,人力资源的经济价值具有不断上升的趋势。劳动力的市场价值在上升,人力资源投资收益率在上升,劳动者自己可支配的收入也在上升。其中高质量人力资源与低质量人力资源的收入差距不断扩大。

(3) 人力资源的能动性。能动性是人力资源的一个根本的性质,体现了人力资源与其他一切资源的本质区别。能动性隐含着这样的思想:在各项人类社会活动中,人力资源是唯一具有创造性的因素,它能顺应一定的社会历史条件,同时,也能创新和发展社会,改变不合时宜的陈规陋习。正是人力资源特有的能动性在推动人类社会不断地前进。人力资源管理的目的在于运用有效的激励和开发机制,拓展人类的创新能力。

(4) 人力资源使用过程中的时效性。每个人的一生都要经历一些特定的生理和心理发展阶段,每个发展阶段都有不同的特征。而其中有一段时期,是人的生理与心理都比较成熟的阶段,不仅年龄适当,体力充沛,同时随着工作经验的积累和素质的培养,工作各方面的能力也渐入佳境。在这个时期,人力资源的能力表现为供给的顶端,要求被组织及时地开发和使用,即组织应委以重任。如果组织储之不用,或没有充分使用,一方面按照素质衰退理论,其才能会逐渐退化,甚至消失;另一方面,过了最佳的生理、心理时期,人力资源的综合素质就开始从顶峰下降。

(5) 人力资源开发过程的持续性。人力资源开发的持续性表明:人力资源身上具有多

[①] 温志强.人力资源开发与管理[M].北京:清华大学出版社,2011.
[②] 孙柏瑛,祁光华.公共部门人力资源管理[M].北京:中国人民大学出版社,2004.

种潜在的素质,人们在工作中表现出来的往往只是冰山一角,更多的能力由于缺乏适当的使用环境而被压抑。因此,组织可以通过各种渠道和方式,促使人力资源在使用中其素质能力不断地被开发出来。

(6) 人力资源闲置过程的消耗性。人力资源在其闲置过程中,仍需要不断消耗各种物质性资源才能维持生存。这种消耗性意味着,即使一部分人力资源处于闲置状态,如未得使用或暂时失业,其组织或社会也必须作出必要的经济性补偿和物质保障。

(7) 人力资源的特殊性。人力资源作为一种经济性的资源,既具有资本的属性,又与一般形态的资本存在着重要的区别。在现代社会经济发展中,实践印证的结果是,人力资源的使用存在收益递减的规律,它的收益份额大大超过了自然资源和资本资源。这是由人力资源的高增值性特征决定的。

二、非营利组织人力资源的构成及管理的特征

1. 非营利组织人力资源的构成

非营利组织的人力资源是整个社会人力资源的一个重要构成部分。要界定非营利组织的人力资源构成,必须先界定非营利组织的范围。这里所讲的非营利组织包括的范围很广,但在不同的国家和地区,具体情况也不一样。在美、英、法、德、日等发达国家,非营利组织发展得比较好,范围也相应比较广泛。它们在教育系统、自然科学和社会科学研究、医疗保健、文化艺术、大众传播、社会服务和公共事业中都占有极为重要的位置,这其中既有大规模的组织,如红十字会在全国有几十万名志愿者,还有非常多的规模比较小的社区组织。就我们国家来讲,严格意义上的非营利组织发展的整体水平还比较低,规模也比较小。在我国承担相应职能的组织是事业部门的各种组织及各种社会服务机构,主要包括科研机构,教育事业单位,各种类型的社会服务组织、社区组织等。因此,我们国家的非营利组织的人力资源构成就比较复杂。但就一般意义上的非营利组织的人力资源构成来讲,一般包括三大部分,分别是决策层、管理人员和志愿者。

决策层,即理事会成员。一般包括出资人、社区居民代表、社会工作者、社会知名人士等。理事会成员主要职责是为组织制订发展战略方案,确立组织的目标和发展方向。

管理人员包括执行总裁和付薪职员。执行总裁由理事会任免。管理人员的主要职能包括五个方面。一是计划。按照组织宗旨和目标提出并贯彻落实的具体行动计划,实现目标。二是组织。有效配置资源,合理分工负责,划定成员的责权并进行监督、指导。三是识人善用。选择好员工,以适定岗,以岗画线,以线授权。四是引导。对下属员工的工作进行有效的指导、培训、辅导、协调等,使每天的工作和计划协调一致。五是控制。评估工作绩效和成果,实行有效奖罚,激发员工的积极性。

志愿者是非营利组织所特有的社会资源。志愿者出于自由意志而非基于个人义务或法律责任,秉承以知识、体能、劳力、经验、时间等贡献社会的宗旨,不以获取报酬为目的,为社会提供各项辅助性服务。因此,非营利组织除了接受志愿性的捐赠外,还使用志

愿者的体力、智力等人力资源。志愿者是非营利组织的战略规划的最终实施者，关乎战略规划的执行效果。

2. 非营利组织人力资源管理的特征

所谓非营利组织人力资源管理，是指以非营利组织的人力资源为主要分析对象，管理机关依法规定对非营利组织所属的人力资源进行规划、录用、任用、保障等管理的活动和过程的总和。它是一项重要的人力资源管理，因此，它必然具有一般人力资源管理的基本性质和特征。但非营利组织毕竟不同于一般组织，它具有自身的一系列特性。这决定了非营利组织在人力资源管理方面除了具备一般的人力资源管理特征之外，还具有自身的一些特征，主要有以下几种。

（1）组织的价值目标和使命感至上。非营利组织的原动力来源于它的价值体系，它强调公益性、慈善性和志愿性，强调对整个人类的重视和关怀。同时，理想主义和使命感在非营利组织中有着重要的地位。非营利组织必须有明确的使命，这是有效管理的基础，它是这个机构的凝聚力之所在，能赋予这个机构以明确的目标，激励其工作人员，并能为其活动争取到财务和公共支持。对于非营利组织而言，尽管报酬和工作条件也很重要，但这些东西不再是吸引人们到这个机构工作的唯一因素。在这个机构中，对其工作计划和社会目标的献身精神是必不可少的，在创建一个非营利机构时，创建人就已经把他的社会使命确定为这个机构的主要存在价值。社会使命规定了这个机构的目标，确立了雇员为之奋斗的基础，而且也为这个机构的正常运转定下了基调。因此，在日常的人力资源管理中，要特别强调价值观和使命感对员工的激励和凝聚作用。

（2）强调人力资源管理和责信度管理相结合。责信度的伦理守则为：无私的社会承诺、恪守法律规章、道德承诺、公益使命优先、尊重个人的价值和尊严、包容社会的多元性并维护社会公平、开诚布公的做法、慎用社会资源等。责信度对于非营利组织而言是其生存和发展的生命线。它不仅有助于员工将工作与使命、满足社会期待结合起来，提高员工的忍耐力，而且有利于在一个组织内形成彼此信任和负责的组织文化。因此，日常的人力资源管理活动一定要与对组织责信度的管理结合起来，使二者能够相互促进。

（3）成员价值取向与专业技能的双重考核。非营利组织要强调成员的价值观与专业技能的双重考核，其中价值观的考核是重中之重。选择适合组织需要的专业技能人才，不仅可以节约组织的培训资源，而且有利于组织人事的合理配置，使组织得到更好的发展。

（4）强调员工在组织内的发展。由于员工进入非营利组织带有较高的理想追求，赞同组织的宗旨，对组织有更高的期望，因此人力资源管理的重心是以组织的生存和可持续发展来激励人的潜能，为每一位员工提供一个促使其不断成长、挖掘个人最大潜力的机会。

项目六 非营利组织人力资源管理

任务二 熟知志愿者的招募与管理

S 情境导入

志愿者是非营利组织中非常重要的资源,也是其最具特色的人力资源。当今,全球大部分非营利组织都在努力吸收和使用志愿者,志愿者已经占到了非营利组织从业人数的1/3以上。正是因为志愿者已经成为非营利组织的一个值得关注的重要组成部分,而且具有明显不同于正式职员的许多特性,所以志愿者管理也就成了非营利组织人力资源管理中的一个值得关注的重要组成部分。志愿者的招募与管理是非营利组织人力资源管理中的重要组成部分,可是它具体包括哪些内容呢?相信同学们从本任务的学习中可以找到问题的答案。

T 任务目标

(1) 根据志愿者的含义和类型,说明志愿者与组织中正式员工的区别。
(2) 非营利组织志愿者管理分为哪几个环节呢?

K 知识链接

在非营利组织内的人力资源构成中,志愿者作为一个特殊的群体不仅具有相当大的数量,而且有着举足轻重的地位。非营利组织区别于营利组织的一个重要特征就是志愿者的存在,志愿服务已经成为人们自我实现的一项重要手段。非营利组织与志愿者是一对相互依存的关系。一方面,志愿者加入非营利组织主要是因为非营利组织给他们提供了一个能够体现自身价值的平台,一个表达自己意愿并向社会提供志愿服务的途径;另一方面,非营利组织以公益为使命,并在多个领域内进行活动,组织活动的顺利开展除依靠专职员工外,主要由志愿者来提供服务,志愿者成为组织活动的主要承担者。因此,志愿者是非营利组织的重要人力资源,志愿者服务的普及和志愿精神的光大,能从根本上推动人类社会的文明进步。

一、志愿者的含义和类型

1. 志愿者的含义

志愿者(volunteer)一词来源于拉丁文中的"voluntas",意为"意愿"。对于这一概念,中国内地和港台地区由于对 volunteer 的译法不一致而有所不同(中国内地一般称之为志愿者,香港地区称之为义工,台湾地区称之为志工),但实质内容基本是一致的。大多学者认为,志愿者是自愿贡献个人时间和精力,在不计物质报酬的前提下为推动人类发展、社会进步和社会福利事业而提供服务的人员。其中两位学者对志愿者含义的概括是比较全面的,学者华黎明对志愿者含义的理解是,志愿者是指出于自由意志而非基于个人义务或法律责任,秉承以知识、体能、劳力、经验、时间等贡献社会的宗旨,不以获取报酬为目的,为社会提供各项辅助性服务。① 王名关于志愿者含义的理解是,志愿者是志愿精神的实践者,是指那些具有志愿精神,不计报酬,主动帮助他人、承担社会责任的人。②

2. 志愿者的类型

首先,依志愿服务的内在动机来划分,志愿者分为广义的志愿者和狭义的志愿者。广义的志愿者是指那些具有志愿精神,能够主动承担社会责任而不计报酬的人;狭义的志愿者是指通过社团、组织或机构参与社会事务,不为报酬而自愿承担社会责任的人。无论是广义的志愿者还是狭义的志愿者,其志愿精神都表现为自愿、无偿、利他、公益、仁爱等方面。其次,志愿者根据其工作性质可划分为三种类型。

(1) 管理型志愿者。加入理事会或担任顾问,是非营利组织领导层的成员,参与组织的决策与治理。

(2) 日常型志愿者。参加组织日常工作并担任一定的角色,包括策划、管理、协调等,和组织的其他志愿者一起参加各种活动。

(3) 项目型志愿者。主要参加各种项目或活动,为之提供支持,主要集中在项目或活动开展期间,一旦项目或活动结束后,志愿服务也告一段落。③

在非营利组织中,无论是什么样的志愿者,他们都和普通员工一样享有一定的权利并负有一定的义务,需要明确其职责与分工,他们是"不拿工资的员工"。

二、非营利组织志愿者管理过程

非营利组织不同于政府和企业,它是介于政府和企业之间的第三部门。志愿者是非营利组织人力资源的重要组成部分。志愿者参与志愿服务工作的动机决定了对志愿者的管理既不同于企业对员工的管理,也不同于政府对公务员的管理。非营利组织对志愿者的管理需要特定的管理模式,非营利组织对志愿者的管理是建立在组织与志愿者之间价值观共鸣的基础上的。非营利组织为志愿者提供了从事志愿服务的机会,同时非营利组织也获得了志愿者的宝贵的人力资源。志愿者的大量参与可以大大降低非营利组织的人力成本,但志

---

① 华黎明,李洪丽.非营利组织的人力资源构成与管理[J].法制与社会,2008(14).
② 王名.非营利组织管理概论[M].北京:中国人民大学出版社,2002.
③ 王名.非营利组织管理概论[M].北京:中国人民大学出版社,2002.

愿者参与志愿服务的动机多元化，如果缺乏使命认同与训练，志愿者往往会成为领导或管理上的阻力，甚至可能影响非营利组织的公益形象。因此，随着志愿服务的迅速发展和志愿者人数的与日俱增，志愿者管理变得更加重要。

志愿者管理过程主要包含了制订志愿工作计划，招募志愿者，对志愿者进行面试、培训，志愿者激励，志愿者督导、评估与遣散等。

1. 非营利组织志愿工作计划的制订

美国管理学家哈罗德·孔茨认为："计划工作是一座桥梁，它把我们所处的这岸和我们要去的对岸连接起来，以克服这一天堑。"计划给组织提供了通向较远的未来的明确道路，为志愿活动的开展等一系列活动打下了基础。一个有效的志愿工作计划必须包含志愿者需求评估、确定志愿服务工作目标、进行工作分析、制定工作说明书。

2. 非营利组织志愿者的招募

志愿者招募是一个寻找能够满足组织要求的志愿人员的过程，这些人员被组织设定的岗位所吸引，愿意参与组织设定的工作。所以，招募是一个确定志愿者并把他们安排到适当位置以达到组织目标，同时通过志愿者岗位满足志愿者自身发展目标的过程。志愿者招募程序有以下四个环节。

（1）在组织网站上发布志愿者的需求信息。希望加入该组织的公众根据网站上的联系电话。主动联系该组织，确定面试的时间地点。

（2）请准志愿者来机构参观，对机构的创业历程、组织愿景有初步的认识。让他们与组织工作人员和正式志愿者进行友好交流。让准志愿者从内心去体会"赠人玫瑰，手有余香"的道理。

（3）提出志愿服务的具体工作要求，如志愿服务的时间、服务的内容、服务的要求等。如果志愿者能够认同所要从事的工作，可以请他们根据组织的要求列出一个详尽的计划，双方讨论后执行。

（4）提出可能存在的困难，如志愿者现有的工作或学业，在志愿服务时间上有冲突及交通方面的障碍等。如果以上四个环节准志愿者都没有什么异议，那就可以录用为该组织的志愿者了。

3. 非营利组织志愿者面试工作

面试是为了更好地了解和掌握应聘志愿者的服务能力、技能、动机及工作时间等，以确定组织能否满足志愿者要求及志愿者能否满足组织需求。非营利组织一般会对要求志愿时间较长的志愿者进行面试工作。一般来说组织必须选择合适的面试官，并且要注意做好两项工作：非营利组织必须了解志愿者拟安排到的工作岗位情况；志愿者必须了解自己拟被安排的工作岗位情况，以确定自己是否、能否担负相应职责。

4. 非营利组织志愿者培训

志愿者培训是指给志愿者传授其完成本职工作所必需的知识、技能、能力和态度。它对志愿者主要有两方面的作用。一是向志愿者传授完成所从事工作的基本技能。二是传播组织文化、强化组织宗旨。志愿者加入某个非营利组织主要是由于组织的奋斗目标与价值观与志愿者的个人发展目标与人生价值观有吻合之处。志愿者想通过自己从事的志愿服务获得学习的机会、扩展社会交往的范围、为社会和人类的进步贡献自己的力量。组织应该把对志愿者的培训工作放在志愿者管理工作的首位。组织管理者需要掌握志愿者管理知识，培训需要志愿者工作的部门如何安排好志愿者的工作。另外，还要做好及时与志愿者的沟通与互动工作。这样就使得志愿者在工作中不断地学习，不断地充实自己。志愿者会感到在组织中有很多的发展空间，有许多要掌握的知识，可以实现志愿者自我发展的需要，同时也为日后从事其他工作提供很好的实践经历和丰富的知识。

5. 非营利组织志愿者激励

美国心理学家奥尔德弗在马斯洛需要层次理论的基础上进行了修正，提出了ERG理论。该理论认为人的需要主要有三种：生存需要（existence），包括心理和安全的需要；关系需要（relatedness），包括有意义的社会人际关系；成长需要（growth），包括人的潜能的发展、自尊和自我实现。志愿者所追求的就是关系需要和成长需要，具体来说，志愿者是不为报酬不求物质回报及个人得失的一类特殊的工作群体，他们通过从事志愿服务工作想得到的收获就是人际交往、自我发展、受尊重和自我实现的满足。志愿者追求精神层面的东西决定对志愿者的激励工作一直以来是非营利组织管理中难以突破的难题。如何有效地激励志愿者？如何留住志愿者资源？这些问题是非营利组织应该予以特别关注的，针对这一特殊群体要采取恰当激励方式，才能真正激发员工的积极性和创造性，实现激励效用的最大化。非营利组织对于出色的志愿者以及他们的优秀事迹，应该通过各种方式给予表扬。对于志愿服务5年以上的志愿者颁发特制的奖章，给予精神鼓励；为每个志愿者庆祝生日。这样才能使志愿者感觉到组织如同自己的家，组织中的同事如同自己的亲人，组织的每一个进步都让自己感动和自豪。

6. 非营利组织志愿者的督导工作

督导是志愿者管理中不可缺少的一部分。通过监督志愿服务项目过程中志愿者的工作执行情况和完成情况，以此来指导和协助志愿者处理他们所面对的问题，从而保证志愿服务的顺利进行。在志愿服务过程中，由于各方面的原因，志愿者可能会出现消极的工作态度甚至退出。对志愿者进行督导，目的在于随时监督志愿者的工作状态，对志愿者的工作进行及时的指导纠正，并根据实际情况对不同岗位的志愿者进行有效的调配。

督导的方法有：① 个人面谈，了解志愿者的个人需求，对志愿者出现的个人状况进行辅导，提出中肯的建议及批评；② 小组督导，可由各个部门的负责人对该部门的志愿者进行督导，定下小组的工作计划，并适时检查计划的完成情况；③ 集体讨论，与志愿者客观地分析工作中的不足并寻求改进的办法，通过相互讨论和支持，建立志愿者之间的情感支持和凝聚力；④ 现场督导，除对志愿者进行观察外，还可以接触志愿服务对象，掌握志愿者的工作情况，以给予志愿者更有效的反馈。

7. 志愿者督导评估

在项目开展过程中及项目完成之后，需要对志愿者的服务作出客观的评估。严格地说，评估是督导过程中的一部分，是督导的继续，它对保持志愿者的积极性非常关键，其重要性也是不容忽视的。对志愿者的评估是指收集、分析、评价和传递有关志愿者在其岗位上的工作表现和工作结果方面的信息的过程，简单地说，就是对志愿者在项目过程中对非营利组织的贡献作出评价的过程。

8. 非营利组织志愿者的遣散

志愿者的遣散工作需要包含在志愿者的管理制度中，它常常被非营利组织所忽略。在非营利组织的项目中，志愿者常常是一种临时性的资源，随着志愿服务的完成，志愿者将重新回到原来的工作岗位中，其志愿服务将告一段落。如果项目中志愿者数量众多，就不能一次性全部解散，而应根据工作需要，井然有序地逐步进行解散。有的后续工作还需要一些志愿者的合作，有的志愿者可能被组织聘为长期的志愿者或者正式的员工。同时，在项目进行过程中，有的志愿者由于多种原因中途退出，需要根据一定的程序进行妥善的安排。

任务三　掌握人力资源管理的基本任务与策略

S 情境导入

非营利组织在过去几十年的发展过程中，在推动社会发展、实现社会公平正义方面发挥了重要的作用，但是也逐渐显现出了因为人力资源管理中的漏洞和缺陷而出现的种种问题和困境，如管理松懈、不问绩效、人员膨胀、无法吸引优秀的人才、缺乏专门的人才培养机制、人力资源流失严重等。为了解决这些问题和困境，促进非营利组织更快更好地发展，在非营利组织管理中必须引入和重视人力资源管理机制，以现代化的人力资源管理的基本任务与策略来统筹非营利组织的人力资源管理。

T 任务目标

（1）了解非营利组织人力资源管理的基本目标和基本任务。

（2）根据本节内容，请说明非营利组织人力资源管理策略。

知识链接

一、非营利组织人力资源管理的基本任务

非营利组织人力资源管理的基本目标应该紧紧围绕非营利组织服务社会和民众的整体目标，目标定位应该是获取与开发非营利组织所需要的各类、各层次人才，建立起非营利组织与其员工之间的良好合作关系，从人力资源上满足社会和民众对非营利组织提出的要求和需要，满足非营利组织本身管理和发展的要求，同时也满足员工个人成长和发展的需求。以此为基本目标，现代非营利组织人力资源管理的基本任务有以下几项。

1. 营造良好环境

非营利组织人力资源管理的良好环境是高效开发非营利组织人力资源的基础。只有建立了这一基础，非营利组织人力资源开发的各种措施才能奏效。非营利组织人力资源管理的环境包括三个方面。

（1）非营利组织人力资源的基本规则。它是指非营利组织人力资源是依据什么标准和途径被选拔、任用和晋升的。它决定了人力资源的来源和发展方式。与传统的事业单位和慈善组织不同，现代非营利组织人力资源管理确立了专业化和法制化的管理规则和行为准则，从而提供了一种理性、客观、公正的人力资源管理环境。

（2）非营利组织人力资源的管理体制。它通过对人力资源管理权的合理划分，明确了人力资源管理部门法定的职责、权限，保证了人力资源管理职能的有效实现。

（3）非营利组织人力资源的管理机制。管理机制将现代人力资源管理的理念贯穿于具体的管理措施和管理方法之内，有针对性地设计了与组织发展相配套的人力资源发展路径以及所需要的相关资格，提供了人力资源积极进取的保障体系和动力机制。

2. 招聘优秀人才

招聘是指非营利组织人力资源管理部门通过各种渠道，为组织获得优秀的人才。这里的人才包括组织的管理者和志愿者。要想获得为组织所需要的优秀人才，一方面要扩展人才来源的社会基础，保证非营利组织从社会中广泛获取优秀人才，为此应该采用公开招聘、公平竞争、择优录用的人才选拔方式；另一方面，对于日常工作中涌现出来的优秀人才，应委以重任，使非营利组织能够发掘和留住宝贵的社会服务人才。为此，应该在组织内部完善功绩考核、晋升唯功的人才发展路线。

3. 合理使用人才

非营利组织合理使用人才是指对已获得和选用的人才，通过一定的管理措施充分、合理地加以使用，最大限度地发挥员工的潜能，使人尽其才。只有用好人才，组织才可能求得人才和留住人才，组织才可能较好地完成本身的社会使命，获得较好的发展。为此，非营利组织要采取科学合理的奖惩措施，充分发挥每一个员工的作用，以实现对非营利组织人力资源的高效配置，取得最佳的效率和效益。

4. 持续开发人才

持续开发人才也是怎样育才的问题。非营利组织在使用人力资源的同时，还要对人力资源进行不断的开发和培养，使人力资源适应社会发展与组织本身发展的需要。持续开发人才的方法就是在合理使用人才的同时，采取各种措施加强继续教育，不断进行培养。在社会发展速度明显加快的今天，对人力资源的持续开发显得尤为重要，一方面是因为当今社会知识更新速度加快，需要持续不断地给员工补充最新的知识；另一方面是因为，今天民众的需要在加速变化，各种各样新的需要也在不断地出现，为了更好地服务于民众，更好地完成非营利组织的社会使命，非营利组织的员工也必须不断地提高和完善自己。因此，非营利组织人力资源管理上要创造一种持续教育、终身学习的有利氛围，来持续不断地开发人才。随着信息化社会的发展，信息不断丰富并得到普及，尤其是网络教育、远程教育的普及和发展，也为人力资源的持续开发提供了便利的条件。

5. 留住优秀人才

通过有效的管理措施，将优秀人才留在非营利组织，防止人才大量外流给非营利组织带来人才短缺的状况。为了实现留才的目标，人力资源管理部门应建立、完善工作人员的保障、激励机制，给优秀人才以成长、发展的空间和机会。这里值得注意的问题是，对非营利组织来讲，不能单靠物质上的保障和激励来留住人才。必须记住，非营利组织的根本宗旨是为公众服务。因此，非营利组织需要的是被此宗旨所激励的人们。同时，这种兢兢业业为组织和社会"献身"的精神的树立和培养也是留住人才的一个重要方法。能否留才视上述几项管理任务实现状况而定，如果管理部门没有完成渴望求才、合理用才、科学育才等管理任务，那么就无法期望非营利组织能够留住人才。总而言之，我们不能将人力资源管理的任何一项管理任务从管理整体中分离出来，否则就会影响到管理的其他环节，甚至全局。

二、非营利组织人力资源管理策略

要取得良好的人力资源管理效果，必须采取一系列的管理策略。人力资源管理策略的目标在于系统性地协调各种人事活动，令其能够因应组织内外环境变化而成为组织总体策略的组成部分。就人力资源管理策略本身而言，不同的发展时期有不同的人力资源管理策略，同一时期不同的组织类型也有各自不同的人力资源管理策略；在同一组织中，不同的人力资源管理环节也对应着不同的管理策略。所以，对人力资源管理策略的分类，不同的学者也有不同的划分标准。人力资源专家史丹斯和邓希就认为组织必须顺应环境的变化进行变革，而和这些变革程度相适应的人力资源策略可归纳为四大类：一是发展式人力资源策略——着重个人和团体的发展，实施内部招募和奖励，强调组织总体文化从绩效管理制度的重要性；二是任务为主式人力资源策略——着重业绩、有形奖励、功能性技巧训练，强调事业单位文化；三是家长式人力资源策略——中央控制人事职务，强调工作程序、一致性和督导训练，人力资源体制建立在产业的奖励和协议上；四是转向性人力资源策略——重组组织结构，重塑组织文化，实行裁员缩减开支，外聘行政要员。

另外，还有人将人力资源管理策略划分为软性和硬性两类。软性人力资源策略是指把员工看作组织最宝贵的资源，故应珍惜、奖励、发展和并入组织的组织文化里。采用软性人力资源策略的组织特点在于：组织将决策权下放，使员工能参与决策并对他们所做的决策有归属感，从而提高员工的参与性、主动性和创新性。硬性人力资源策略则认为员工和组织的其他资源一样，都应予以尽量符合效益及节约的运用。

在本节中，我们主要介绍非营利组织的人力资源管理方面的一些基本的管理策略。在逻辑顺序上，根据人力资源管理过程中不同的管理环节来分别介绍相关的管理策略。

1. 招聘录用策略

招聘是实现组织目标的战略过程，通过招聘，组织将那些符合本组织宗旨和文化，并能在本组织中施展才华从而获得成功的人才吸收进来。招聘同时也是一个与竞争对手"过招"的过程，可以借机宣传组织，扩大影响力。

招聘首先必须明确到底需要什么样的人，他应该具备哪些资格和技术。对一个组织而言，它并不一定需要找到最好的人才，而是要根据岗位工作的要求，找到与岗位最相匹配的合适人才。这样才能保证招聘的有效和高效。人员的招聘录用有两种：一种是内部招聘，一种是外部招聘。

内部招聘是指在非营利组织出现职务空缺后，在组织内部选择合适的人才来填补这个位置。内部招聘主要有以下几种方式。

（1）选拔晋升。这种做法给员工以升职的机会，一方面对于激励员工非常有利，会使员工感到有发展的机会。从另一方面来讲，内部提拔的人员对本组织的业务工作比较熟悉，能够较快适应新的工作。

（2）工作调换。工作调换即内部平调，这样做的目的是填补空缺，但实际上它还起到许多其他作用，如可以使内部员工了解组织内其他部门的工作、与本组织更多的人员有深入的接触、了解。这样，一方面有利于员工今后的提拔，另一方面可以使上级对下级的能力有更进一步的了解，也为今后的工作安排做好准备。

（3）工作轮换。工作轮换和工作调换有些相似，但又有些不同，如工作调换从时间来讲往往较长，而工作轮换则通常是短期的，有时间界限。另外，工作调换往往是单独的，临时进行的，而工作轮换往往是两个以上的，有计划进行的；工作轮换可以使组织内部的管理人员或普通人员有机会了解组织内部的不同工作，给那些有潜力的人员提供以后可能晋升的条件，同时也可以减少部分人员由于长期从事某项工作而产生的烦躁和厌倦等感觉。

（4）人员重聘。有些组织由于某些原因会有一批不在岗的员工，如下岗人员、长期休假人员（如曾因病长期休假，现已康复但由于无位置还在休假）、已在其他地方工作但关系还在本组织的人员（如停薪留职）等。在这些人员中，有的恰好是内部空缺需要的人员，对这些人员的重聘会使他们有再为组织尽力的机会。另外，这些人员可以尽快上岗，也减少了培训等方面的费用。

在许多情况下，内部招聘往往满足不了组织对人才的需求，尤其当一个组织在创建初期或者快速发展时期，或者在扩大业务范围、工作领域等的时候，组织领导会把目光转向社会，进行外部招聘。外部招聘的方法主要有以下三种方式。

(1) 广告媒介。通过媒体以广告的形式获得所需的人才。好的广告一方面能吸引所需的人才前来应聘，另一方面扩大了本组织的知名度。

(2) 院校预定。与有关院校挂钩，预定本组织所需的人才，或者在相关院校设奖学金，为自己培养专业人才。这种有目的的预定方法，往往是组织根据自身人力资源规划，在一两年甚至更长的时间以前，就同院校在培养人才方面进行了沟通，这样培养出来的大学生到了工作岗位后能较快地熟悉业务，进入状态。这种招聘一般适于招聘专业职位或专项技术岗位的人员。

(3) 人才交流。通过人才交流中心、职业介绍所乃至猎头公司来获取人才。由于这些机构扮演着双重角色，既为企业、组织选人，同时也为求职者选工作单位，因此在这里几乎可以找到所有需要的人才。

对于组织来说，内部和外部招聘渠道各有利弊，否则也就不会存在招聘渠道的选择问题。它们的优缺点如下。

内部招募的优点是可以提高被提升者的士气，对员工能力能更准确地进行判断，在某些方面可以节省花费，可以调动员工的工作积极性；内部招聘的缺点表现为"近亲繁殖"（组织的视野会逐渐狭窄），未被提升的人或许士气低落等。

外部招募的优点是"新鲜血液"有助于拓宽企业的视野，比培训专业人员要廉价和快速；缺点为可能引来窥探者，可能未选到"适合"该职务或需要的人，可能会影响内部未被选拔的候选人的士气，新员工需要较长的"调整期"或熟悉时间。

2. 薪金、福利策略

薪酬是组织对员工劳动所给予的回报，是员工劳动价值的体现。员工劳动价值是否实现、在多大程度上得到实现一般要借助他所得的薪酬具体体现出来。合理的薪酬体系会使员工更加专注于工作，更加努力，从而提高劳动生产率，为非营利组织的发展带来活力。相反，不合理的薪酬带来的往往是低效率和人员的大量流失。所以，薪酬管理是非营利组织中涉及组织与员工劳资关系的关键因素。

员工的福利制度是指在工资收入之外，组织向员工或其家庭提供的货币、实物或服务等。福利被称为员工的福利性报酬或隐性收入，福利制度也是组织人力资源管理和薪酬管理的组成部分。员工福利是一个复杂的系统，按照福利项目是否具有法律强制性来划分，可以分为国家立法强制实施的法定福利制度和组织自主设立的非法定福利。

3. 绩效评估

在管理主义日渐盛行的今天，非营利组织也开始受到管理主义风潮的影响，逐渐在组织管理中渗入投入产出比等相关概念和行为。绩效评估是重要的人力资源管理工具，涉及员工的调任、升迁、加薪等重大决定,都必须依据精确的考核结果。

绩效评价是指考评主体对照工作目标或绩效标准,采用科学的考评方法,评定员工的工作任务完成情况、员工的工作职责履行程度和员工的发展情况,并且将评定结果反馈给员工的过程。

绩效评价结果可能对员工的薪酬和工作变动产生重要影响。在评价过程中应该注意符合相关法律程序,具体要求包括:以工作分析为基础确定绩效评价标准,不存在歧视性后果并具有必要的证据;具有足以限制随意性的正式评价标准;具有正规的等级评价手段,评价者与被评价者相识并有工作接触,参与评价的负责人受过有关训练;具有防止独自控制员工职业发展的再审核程序等。

4. 培训与开发

非营利组织以各种方式招募人才、选拔志愿者的根本目的就在于保证各项工作的正常运转和高质量地完成工作任务。但是所招募的人才、志愿者能不能胜任岗位工作,能否人尽其才,组织能否留住人才,人才能否适应组织的不断发展需要,都需要非营利组织通过做好相关培训与开发工作才能实现。而非营利组织又总是处在不断变化的社会环境之中,为适应外部环境的变化,组织需要不断地调整。因此,不仅是新招募的人才和志愿者需要培训,组织的原有的老员工同样需要通过培训和开发来更新知识、转变态度、提高技能。培训为员工、组织不断注入新的血液,有利于组织在不断创新中发展、壮大。培训的目的不仅仅是为了使员工更好地完成各项工作任务,更是为了更好地实现员工的利他主义价值和理念。

培训与开发是有效使用和开发现有人力资源的核心内容,主要表现为对员工能力的管理,所谓能力,就是获得、运用、开发和分享知识、技能和经验。能力是可以经后天培训而不断改进的,因此,要为员工提供适当的培训机会,尤其是在当前新信息、新技术、新需求不断出现的情况下,更需要高效地培训和开发员工的能力来适应这种变革。同时,员工有了接受培训的机会,就知道这意味着自己有可能被重视或者被提拔,他们会因为感受到了领导的重视而自觉自愿地努力工作。

5. 冲突处理策略

著名的美国社会学家刘易斯·科塞在《社会冲突的功能》中认为冲突在一定情况下具有正功能,同时他提出了冲突的"安全阀机制",认为每个社会都应该有一个机制来处理其运转过程中产生并不断积累的敌对情绪,以某种方式允许冲突存在,使不满和愤怒得以表达和发泄,于是安全阀制度就可以保护原先的社会系统。非营利组织中的冲突如果控制在一定的范围之内,且处理得当便会产生社会安全阀的功效。

为了能够使非营利组织中的冲突转变为组织健康运转的"安全阀机制",有必要对组织冲突进行有效管理。建立有效的沟通交流机制和员工信任机制是处理冲突的两个切实有效的途径。① 建立有效的沟通交流机制实际上给员工提供了相互交流与启发、进行知识综

---

① 邓汉慧. 现代企业中员工冲突管理[J]. 中国人力资源开发, 2011(3).

合与集成的平台，有利于加强团队内部的人际沟通。可定期交流个体或团队创新活动开展的实时信息，鼓励个体主动与团队中不同任务分工的其他个体双向沟通。同时，形成群体的共同经历，营造良好的团队成长氛围和公开、坦诚的沟通氛围，达到倾听不同意见的目的，做到求同存异，有效授权，鼓励建设性冲突。员工信任机制是有效实施合作冲突管理方式的重要保障，是扭转冲突自身运转的动力机制。不同非营利组织员工接受冲突程度和认知冲突水平具有差异性，员工信任度高，接受冲突、管理冲突的心理准备和认知程度就高。冲突双方虽然存在异议，甚至激烈交锋，但一般不会产生相互对抗情绪，而是力图达到双方都满意的结果。

6. 激励机制

人力资源是组织中唯一具有主观能动性和主观意志的因素，有了人力资源，其他要素才能有效地发挥作用。人力资源的素质状况直接影响到非营利组织的发展和功能的发挥。随着社会的不断发展和竞争的日益加剧，非营利组织对人力资源的需求越来越大，组织在人力资源管理方面的压力也越来越大。如何建立有效的激励机制，充分发挥组织成员的积极性和创造性，实现非营利组织的可持续发展，成为非营利组织人力资源管理中值得探讨的重要问题。非营利组织在建立激励机制的时候要注意从以下几个方面入手。

（1）分析人力资源构成特点，注重差异化管理。在构建激励机制时首先要了解和分析组织人员的构成特点，了解不同人员的职责，考虑非营利组织中的高层、中层、基层付薪职员和志愿者之间需求的差异性，依据管理学中的差异理论，有针对性地采取不同的激励方式才能更好地发挥机制的激励作用。例如，对于基层人员和刚进入组织的大中专院校学生，应该适当地满足他们的经济需求，重视物质激励，以解决他们面临的生存环境问题；对于高层、中层管理人员，除了给予适当的报酬之外，还应下放权力，大胆使用，让其承担一些具有挑战性的任务。

（2）健全激励与保障相结合的薪酬制度。在现代社会中，非营利组织想发展壮大，吸引和留住优秀人才，就必须把薪金报酬办法引入激励机制中，建立一个公平合理的薪金报酬制度，对组织中每个岗位的具体薪酬数额、薪酬支付的方式都应认真制定，提高员工的满意度。一个公平合理的薪酬制度，还应兼顾周围环境及相似岗位的薪酬状况，使其薪酬在同地区、同行业、同规模的组织中具有竞争力。在力所能及的情况下，考虑建立相应的福利配套措施（如住房、交通、休假、培训等），解决员工的实际问题，为他们提供一个更优越的生活环境，这对留住人才，调动他们的积极性是至关重要的。

（3）倡导组织文化建设，培育对组织的归属感。与营利组织不同，非营利组织不以营利为目的，其工作方式上更强调公益性、慈善性和志愿性。崇尚理想、服务社会，是众多专兼职员工和志愿者的主要价值取向。这些应成为构建非营利组织人力资源激励机制的基本思路。通过对组织文化的建设及公益文化活动的开展，宣传自己的主张，扩大自己的影响，取得社会的认同，能更广泛地吸引志愿者积极参与。同时，还能满足员工和志愿者的"认同需求"和"成功需求"，体现其自我价值。丰富多彩的公益活动还有利于避免志愿者产生"厌倦"情绪，使其始终保持高涨的工作热情。

（4）提倡"以人为本"，实施柔性管理。柔性管理即民主化管理，以人为本，以理服人，以身作则。组织的决策由群体讨论产生，由领导进行统一协调。在分配任务时，能尽量考虑到员工个人的情况，知人善任，体贴入微，使员工参与决策，开发自己的创造性思维，把组织的目标变成自觉的行为。非营利组织从其组织范畴上的非政府性、经费来源上的社会捐助性和参与人员的志愿服务性来看，其领导管理模式都不宜采取刚性模式，而应采取柔性管理模式，这是非营利组织激励机制中的关键。

拓展训练

根据本项目的内容，请同学们思考以下几个问题：

（1）非营利组织的人力资源有哪些特点？

（2）非营利组织的志愿者如何进行招募与管理？

（3）非营利组织人力资源管理的基本内容都有哪些？

非营利组织财务管理

项目概述

本项目主要介绍非营利组织财务管理的特征与目标、非营利组织财务管理的功能与原则、非营利组织财务管理的基本内容与方法等三个任务。通过该项目的学习,了解财务管理的特征与目标,熟知财务管理的功能与原则,掌握财务管理的基本内容与方法。

引 言

财务管理是实现非营利组织可持续发展的必要条件。和企业一样,如果做不好财务管理,非营利组织就会发生危机。但是无论在发达国家或地区还是发展中国家或地区,非营利组织普遍存在着财务管理不善的问题。非营利组织财务管理的基本理念是什么?非营利组织财务管理的功能是什么,有哪些作用,目标又是什么?非营利组织财务管理有哪些原则需要我们坚持?非营利组织财务管理的主要内容有哪些?非营利组织财务管理的基本方法又有哪些?带着这些疑问,我们共同来学习非营利组织的财务管理。

任务一 了解非营利组织财务管理的特征与目标

情境导入

胡曼莉,丽江妈妈联谊会创始人,这位一度被视为中国民间慈善象征的中年女人,因其献身孤儿事业的形象而在中央电视台的公益广告上被称为"中国母亲"。2001年,美国妈妈联谊会会长张春华将其告上法庭，指证其打着"慈善"的幌子，贪污侵吞善款，供女儿出国留学，购买豪宅等。经过7年的不懈努力，最终促使媒体与地方政府把胡曼莉从"中国母亲"的圣坛上拉了下来。

2007年3月8日，根据丽江市人民政府第16次常务会议精神和市民政局《关于对丽江妈妈联谊会给予撤销登记的行政处罚通知》（丽民发〔2007〕4号）及丽江市审计局《关于丽江妈妈联谊会（孤儿学校）1997年7月成立以来至2006年8月31日财务收支的审计结果报告》（丽审〔2006〕54号），丽江市政府已经下达了接管原来由胡曼莉控制的丽江市民族孤儿学校的公文。

任务目标

(1) 分析"胡曼莉事件"发生的原因。
(2) 从"胡曼莉事件"思考如何加强非营利组织财务管理。

知识链接

非营利组织财务管理是指非营利组织管理本单位的财务活动、处理财务关系的一项经济管理工作。因此，要理解非营利组织财务管理，必须先了解非营利组织财务管理的特征与目标。

一、非营利组织财务管理的特征

由于非营利组织不以营利为目的，主要从事一些社会性活动，这就决定了非营利组织的资金循环和周转过程与营利性组织相比是不同的。尽管非营利组织应严格执行国家或地区的各项财务制度及财经纪律，严格按国家或地区的有关规定及标准办理各项收支活动，提高资金使用效率，但其本身的不同资金运动特点决定了其财务管理具有以下特征。

(1) 资金来源渠道多。企业主要通过销售产品和提供服务，从顾客那里获取收入，以维持正常经营活动，实现企业价值最大化的目标。与企业不同，非营利组织收入是指非营利组织开展业务活动及其他活动依法取得的非偿还性资金。这是非营利组织为实现其社会使命而获取资金的主要来源。非营利组织的收入因组织性质不同，来源渠道也不同。其收入按其来源可分为捐赠收入、会费收入、提供服务收入、政府补助收入、投资收益、商品销售收入等主要业务活动收入和其他收入。

(2) 不存在利润指标。对企业而言，在竞争的市场环境中，它需要利润这一财务指标来衡量企业业绩，评价企业管理层业绩，实施激励机制，以提高经营管理效率。而对于非营利组织而言,由于它是不以获取利润为目的的社会公益性服务组织,因而,不存在利润这一财务指标,各部门的职责履行情况难于考核评价,各部门的责权利无法予以明确,难以对不同非营利组织间经费开支的绩效和社会效益进行评价,也无法通过利润指标来直接衡量和评价管理人员的业绩,这就大大增加了分权管理的操作难度。

(3)所有权形式特殊。对企业而言,股东通过投入资金创建企业,是企业的所有者,拥有企业的净资产。而对于非营利组织而言,净资产所有权属于组织本身,但是,非营利组织不能对其资产权效益进行转让、出售,并且在某些情况下必须按照资产提供者的要求来运作、管理和处置资产。由于资产提供者不期望收回或以此获取经济利益,非营利组织通常不进行损益核算,也不进行净收入的分配,即使非营利组织解体,资产提供者也没有分享剩余资产的权利。

二、非营利组织财务管理目标

非营利组织财务管理目标与企业有着较大的差异。根据斯什姆与斯格尔在《财务管理》中指出:企业的财务管理目标顺序是持有最多的股份、利益最大化、最大的边际效益、行为目标和社会责任。而非营利组织的财务管理目标与非营利组织完成某一具体的社会使命的目标相适应。因此,非营利组织财务管理目标是通过努力筹措资金,合理安排财务活动,严格经费开支,充分利用有限资金,通过提高资金使用效率,最大限度地实现组织的社会使命。非营利组织的财务管理目标可分为战略(长远)目标和具体目标,从不同的角度和层次来看,有不同的长远目标和具体目标,具体内容如表7-1所示。

表7-1 非营利组织财务管理目标

战略(长远)目标		具体目标
A	B	C
诚实的财务 信用的财务 透明的财务 信息的财务 公共的财务	生存 发展 "获利"	1. 建立健全财务制度和会计责任体系,规范非营利组织财务行为 2. 加强预算管理,保证业务计划和工作任务的完成 3. 加强收支管理和控制,提高资金使用效益 4. 加强资金管理,防止资产流失 5. 加强财务分析和财务监督,如实反映非营利组织财务和项目财务状况

任务二 熟知非营利组织财务管理的功能与原则

S 情境导入

经过三年多的反复调研和论证,我国财政部于 2004 年 8 月 18 日发布《民间非营利组织会计制度》,这个新制度适用于我国依法登记的社会团体、基金会、民办非企业单位和寺院、宫观、清真寺、教堂等,标志着我国非营利组织会计规范体系建设迈出了重要的一步。

T 任务目标

(1)《民间非营利组织会计制度》的实施,对我国非营利组织的发展有何影响?

(2) 阅读《民间非营利组织会计制度》,你对非营利组织会计制度建设有何建议?

K 知识链接

一、非营利组织财务管理功能

非营利组织财务管理功能主要体现在两个方面:一是有助于降低组织财务活动的成本,提高组织财务运作效率,使有限的资金发挥最大的社会效益;二是有助于非营利组织树立良好的社会形象,提高组织社会公信度,顺利地筹集资金。其具体功能包括以下几个方面。

(1) 实践组织宗旨。非营利组织的收入和支出项目集中体现了其组织活动的宗旨。财务管理不仅需要以组织宗旨为中心,加强预算管理,优化资源配置,合理使用各项资金,还要通过发挥财务管理功能来督促和保障具体目标的全面履行。

(2) 优化绩效管理。尽管非营利组织资金来源广泛,但相对其提供的各项社会公益服务开支而言,其资金是有限的,而且往往寄托着资金提供者对非营利组织完成某一项社会使命的信任和期待,因此,严格财务收支管理,提高资金利用效率是非常必要的。组织需要完善财务管理系统,抓好组织每个环节的成本管理和绩效管理,保障项目开支和正常运作的所需资金,通过成本效益分析、财务预算监督、加强内部控制等环节,提高资金运作效率,实现资金最大效益。

(3) 防范财务危机。非营利组织也可能面临各种财务困难和危机，财务危机可能直接影响非营利组织活动的正常进行，危及非营利组织社会使命的完成。因此，非营利组织可通过健全的财务管理、财务预算和财务分析规划，检测和掌握资金的运作情况，确保组织发展的资金基础；通过建立财务危机预警系统，对财务收支过程中存在的资金紧缺或者资金运作中存在的风险发出预警信号，并采取紧急而有效的措施，防范和化解财务危机。

(4) 保证组织廉洁。由于非营利组织的资金来源于社会各界，公益性组织的腐败会对社会产生强烈的负面效应，非营利组织财务管理的不规范和不完善常常为那些假公济私、滥用善款、违规交易、营私舞弊的丑恶行为提供机会。为此，非营利组织应当通过健全的财务制度，严格的财务管理，提高财务信息的透明度和公开性，加强内部控制制度建设，配合公正合理的奖惩制度，使非营利组织的资金始终处于可以控制的状态，保证其财务活动符合法律、法规、政策的规定，有效遏制组织滋生腐败，保证组织的廉洁性，提高资金的使用效益，确保非营利组织目标的完成。

(5) 提高组织公信力。非营利组织需要树立良好的社会形象和公信力，以提高公众对组织的认同和信任，保障组织有来自社会各界的资金资助和捐赠。财务管理要确保组织有一个公开透明的资金运作机制，定期反馈财务管理过程及公布财务报告，主动接受社会各界对其资金使用合理性和合法性的监督。非营利组织只有建立健全高效透明的财务管理体系，才能不断提高自身的社会公信力，增加社会对组织的认同，从而为获得更多捐赠资金打下坚实基础。

二、财务管理的基本原则

根据《民间非营利组织会计制度》的规定，非营利组织的会计核算必须遵循真实性、相关性、实质性、一致性、可比性、及时性、明晰性、配比性、实际成本、谨慎性、支出区分以及重要性十二个原则。

(1) 真实性原则，即会计核算应当以实际发生的交易或者事项为依据，如实反映民间非营利组织的财务状况、业务活动情况和现金流量等信息。对于经济活动的记录和报告，不受会计人员主观意志的左右，避免错误并减少偏差。

(2) 相关性原则，即会计核算所提供的信息不仅应当满足组织决策者的需要，更应当能够满足包括捐赠人、组织的会员、各类监管者等外部会计信息使用者的需要。

(3) 实质性原则，即会计核算应当按照交易或者事项的实质进行，而不应当仅仅以它们的法律形式作为依据。在实际工作中，交易或事项的外在法律形式并不总能真实反映其实质内容。为了使会计信息真实反映组织财务状况，就不能仅仅依据交易或事项的外在表现形式来进行核算，而要反映交易或事项的经济实质。

(4) 一致性原则，即会计核算前后各期应当保持一致，不得随意变更。如有必要变更，应当在会计报表附注中披露变更的内容和理由、变更的累积影响数，以及累积影响数不能合理确定的理由等。

（5）可比性原则，即会计核算应当按照规定的会计处理方法进行，会计信息应当口径一致、相互可比。为了保证会计信息能够满足会计信息使用者的需要，便于比较不同组织的财务状况、经营成果和现金流量，只要是相同的交易或事项，就应当采用相同的会计处理方法，从而确保会计信息横向的可比性和纵向的可比性。

（6）及时性原则，即会计核算应当及时进行，不得提前或延后。过时的会计信息的使用价值会大大降低，甚至无效。因此，在会计核算中，要求及时收集会计信息、及时对会计信息进行加工处理、及时传递会计信息，以满足各方面会计信息使用者的需要。

（7）明晰性原则，即会计核算和编制的财务会计报告应当清晰明了，便于理解和使用。在会计核算中只有坚持明晰性原则，才能有助于会计信息使用者准确、完整地把握会计信息的内容，从而对其更好地加以利用。

（8）配比性原则，即在会计核算中，所发生的费用应当与其相关的收入相配比，同一会计期间内的各项收入和与其相关的费用，应当在同一会计期间内确认、计量并登记入账。

（9）实际成本原则，即资产在取得时应当按照实际成本计量或者按照特别规定的计量基础进行计量。其后，资产账面价值的调整，应当按照已经有的规定执行。除法律、行政法规和国家统一的会计制度另有规定的外，民间非营利组织一律不得自行调整资产账面价值。

（10）谨慎性原则，即会计核算应当遵循谨慎性原则。要求组织在面临经济活动中的不确定因素的情况下作出职业判断并处理会计事项时，应充分估计风险和损失，不高估资产或收入也不低估负债或费用。对于预计会发生的损失应计算入账，对于可能产生的收益则不预计入账。做到既不致虚增账面利润，也不夸大所有者权益。

（11）支出区分原则，即会计核算应当合理划分应计入当期费用的支出和应当予以资本化的支出，将组织的运营性支出和资本性支出区分开来。运营性支出是指为了组织的相关活动而发生的费用，应计入当期成本，并在会计核算中得到反映，以正确计算当期组织业绩；资本性支出是指主要是为以后会计期间收入的取得而发生的费用，应反映在资产负债表中，根据其与以后各期收益的关系，将其价值分摊到以后各会计期间，以真实地反映组织的财务状况。

（12）重要性原则，即会计核算应当对资产、负债、净资产、收入、费用等有较大影响，并进而影响财务会计报告使用者据以作出合理判断的重要会计事项，必须按照规定的会计方法和程序进行处理，并在财务会计报告中予以充分披露；对于非重要的会计事项，在不影响会计信息真实性和不至于误导会计信息使用者作出正确判断的前提下，可适当简化。

项目七 非营利组织财务管理

任务三 掌握非营利组织财务管理的基本内容与方法

情境导入

2014年12月12日,《中国社会组织评估发展报告(2014)》蓝皮书发布会暨2014年社会组织治理高峰论坛在上海交通大学召开。会议由上海交通大学、民政部民间组织管理局及社会科学文献出版社共同主办,并得到浙江敦和慈善基金会的支持。

据悉,2007年,民政部开始对全国性社会组织开展评估,至2013年年底,累计有900多家社会组织参加评估,占符合参评条件的全国性社会组织总数的70%。其中,符合条件的基金会、民办非企业单位已全部参加评估,全国性行业协会商会的参评率已达80%。共有791家社会组织获得了评估等级并在网上公示。2013年,参评全国性社会组织数量达历史最高点,达成协议70家。

根据报告,全部行业协会商会在会计核算方面都或多或少地存在问题,111家参加评估的行业协会商会中,27家在经费来源和资金使用方面被扣掉全部分数,个别全国性行业协会商会出现业务活动收支未在账面体现、收支往来中核算收入标准不合规等突出问题,32家在财务管理制度方面得分比低于50%。

(资料来源:中国社会组织网. http://www.chinanpo.gov.cn/1940/82552/index.html,2014年12月15日)

任务目标

(1)根据上述案例,分析我国非营利组织财务管理存在哪些问题。
(2)根据我国相关法律规定,分析非营利组织财务管理的基本内容有哪些。

知识链接

一、非营利组织财务预算管理

预算是行为计划的量化,这种量化有助于管理者协调、贯彻计划,是一种重要的管理工具。预算管理是非营利组织财务管理的核心,是非营利组织根据事业发展计划和任务编制的年度财务收支计划,是内部控制制度和管理控制系统的重要组成部分。《中华人民共和国预算法》《事业单位财务规则》等法规对我国非营利组织的预算管理都有所涉及。

美国学者托马斯·沃尔夫在其所著的《二十一世纪非营利组织管理》一书中,将非营利组织的预算编制与管理工作划分为八个步骤。

(1) 列出目标清单,即确定非营利组织在下一年度的主要工作目标。非营利组织的预算编制者在预算伊始,就必须考虑组织在下一年应该做什么,什么活动最重要,这些活动需要组织成员做些什么工作,是否需要额外开销增添设备和雇用人员。

(2) 估算成本,通常,非营利组织可以采取两种方法来确定其成本:一是渐进预算法,即在编制预算时,主要根据往年的经费收支状况进行调整,编制出当年预算;二是零基预算法,即在编制预算时,不要考虑前期的收支状况,而仅仅以本期业务运行和发展需要为基础编制当年预算。

(3) 分配收入,即将非营利组织所拥有的各种资金,按照是否设定用途限制而分配到各项活动之中。

(4) 项目比较,当组织的支出较多而收益不足时,有必要从使命、目的、成本与收益等多个方面对各个项目进行分析比较。

(5) 确定重点,在比较的基础上,确定组织在下一年度应重点支持或投入的活动,排列好非营利组织应开展的各项活动的优先顺序。

(6) 调整与平衡,即在预算编制过程中要考虑到资金的弹性幅度,根据资金的弹性幅度对资金分配进行适当的调整与平衡。

(7) 提交与批准,对于已编制好的预算,还必须提交给非营利组织的理事会加以讨论并进行批准。

(8) 控制和修正,即对预算的执行情况进行监督,并根据客观形势和时机的变化,在必要时对预算进行调整,以避免因过低估计支出和过高估计收入所带来的预算编制问题。

二、非营利组织财务会计核算与管理

所谓会计,就是运用货币计量单位,借助于专门的方法,对政府组织、企业和社会组织的经济业务进行反映和监督的一个经济信息系统。财务会计核算是以货币为主要计量单位,对企业、单位一定时期的经济活动进行真实、准确、完整和及时的记录、计算和报告。非营利组织财务会计核算主要是指非营利组织对已发生或者已经完成的经济活动进行事后核算和管理。为了规范我国非营利组织的会计行为,财政部于2004年8月18日发布了《民间非营利组织会计制度》,要求社会团体、民办非企业单位、基金会为主体的非营利组织从2005年1月1日起遵照该制度的规定编制财务会计报告,并委托注册会计师进行审计。

(1) 会计格式。根据《民间非营利组织会计制度》的规定,我国非营利组织以权责发生制为会计核算的基础。凡是当期已经实现的收入和已经发生或应当负担的费用,不论款项是否收付,都应当作为当期的收入和费用;凡是不属于当期的收入和费用,即使款项已在当期收付,都不应作为当期的收入和费用。权责发生制以权利取得和责任完成作为收入和费用的标志，有助于正确计算组织的业绩。

（2）记账方式。根据《民间非营利组织会计制度》的规定，我国非营利组织会计核算采用借贷记账法。借贷记账法以"借""贷"作为记账符号，对每一项经济业务，在两个或两个以上账户，以借贷相等的金额全面地、相互关联地进行反映的一种专门的复式记账方法。它以"资产总额＝负债总额＋所有者权益总额"这一平衡关系，作为设置会计科目、复式记账和编制资产负债表的依据。它根据复式记账的平衡原理，按会计报表要素将会计科目分为资产类、负债类、所有者权益类、损益类四类；以"有借必有贷，借贷必相等"作为记账规则，保持借贷双方相互对应和金额相等。

（3）财务报告。财务报告是反映非营利组织财务状况、业务活动情况和现金流量等的书面文件。非营利组织的内部管理者与外部相关者主要通过财务报告来了解组织的运作状况和效率。非营利组织的财务会计报告主要由会计报表、会计报表附注和财务情况说明书组成。其中，会计报表包括资产负债表、业务活动表和现金流量表三种报表。

（4）会计期间。根据《民间非营利组织会计制度》的规定，民间非营利组织会计核算应当划分会计期间，应当分期结算账目和编制财务会计报告。会计期间是指在会计工作中，为核算生产经营活动或预算执行情况所规定的起至日期。一般来讲，会计期间分为年度、半年度、季度和月度。有了会计期间这个前提，才产生本期与非本期的区别，产生了权责发生制，才能正确贯彻配比性原则，准确地提供财务状况的资料，进行会计信息的对比。

（5）会计控制。会计控制是以财务部门为控制主体，依据组织管理规定、财务政策、预算、项目文件、标准等实施控制活动。从内容上看，会计控制主要包括：① 预算控制；② 货币资金控制（现金、银行存款、其他货币资金）；③ 实物资产控制（存货、固定资产）；④ 投资控制（债券、股票）；⑤ 采购控制、付款控制、往来账项控制；⑥ 筹资控制；⑦ 费用控制；⑧ 担保控制；⑨ 其他。

（6）货币计量。根据《民间非营利组织会计制度》的规定，我国非营利组织会计核算应当以人民币作为记账本位币。业务收支以人民币以外的货币为主的民间非营利组织，可以选定其中一种货币作为记账本位币，但是编制的财务会计报告应当折算为人民币。

三、非营利组织财务审计监督

审计监督主要是通过对会计凭证、账簿、报表的审查以及运用专门的审计方法，审查各单位经济业务发生的合法性、合理性、有效性，督促被审计单位建立健全各项会计制度和管理制度，严格执行财经纪律。一般而言，非营利组织的审计主要包括内部审计和外部审计两个部分。

内部审计主要由非营利组织内部的专职机构或专职审计人员完成，主要在经济责任、财务收支、重大经济业务、资产管理和使用以及专项业务审计和调查等方面发挥作用。外部审计则主要包括国家审计和社会审计两大部分。前者指的是由国家审计机关所实施的审计，审计的主体是国家以及各省、市、自治区、县设立的审计机关；后者是指经由政府有关部门审核批准的社会中介机构进行的审计,其主体是注册会计师。

虽然内部审计和外部审计总体目标一致,且都是审计监督的有机组成部分,但是,内部审计往往具有预防性、经常性和针对性;而外部审计则具有更强的独立性、强制性、权威性和公正性。与非营利组织的内部审计相比,外部审计的优点是审计人员与管理当局不存在行政隶属关系,不需要考虑组织中的领导人或者小集团的利益,只需按照相关法律进行财务工作的审查,因而可以保证审计的独立性与公正性。

就我国非营利组织财务管理现状来看,绝大多数非营利组织还没意识到外部审计的作用,并主动接受外部审计。目前,我国的非营利组织缺乏外部监督机制,包括来自政府部门和社会公众的外部财务审计监督。因此,如何完善我国非营利组织的外部审计机制,充分发挥其在净化非营利组织的生存环境、提高非营利组织的公信力方面的作用,是当前及未来非营利组织财务管理必须重视的议题。

拓展训练

"吃不穷穿不穷,不会盘算才受穷"这句谚语,在非营利组织中一样适用,非营利组织资金本来就来之不易。办一个组织容易,持续运行一年半载容易,持续运转三五年就是难事了,因此,规划组织的资金至关重要,许多非营利组织最后在没有资金的情况下关闭或者转让,屡见不鲜。

请大家根据重庆慧灵的介绍,为重庆慧灵制定一份财务管理规定。

重庆慧灵简介

重庆慧灵智障人士社区援助中心前期叫"重庆心语智障人士援助中心",由几位智障人士家长自发创办,成立于2002年,至今已有13年智障服务历史。截至2014年年底,重庆慧灵已分别在渝中区、沙坪坝区、万州区开办有服务实体,并在当地民政局分别登记注册为"民办非企业单位",主要服务于智障青少年和成年人士,机构现服务智障人士90余人,教职员工32人,教师队伍由来自社会工作、特殊教育、心理学、文体艺术、技能师傅等不同专业和领域的人才组成,其中社会工作专业毕业的员工有8人,实习社工3名,占员工总数的28%。

社工分布在重庆慧灵的一线服务、服务督导、社区宣传和机构管理工作中,一线服务包括智障人士个案工作、青少年智障人士小组工作、智障人士支持性就业辅导、到智障人士的家里做家长情绪辅导等;服务督导包括对重庆慧灵一线服务员工个案和小组工作的督导、对重庆慧灵智障人士就业服务的督导和对机构内外工作人员家长关于智障人士相关知识工作手法的培训等;社区宣传的主要工作是运用社会工作的社区工作手法在社区和高校中进行公民教育、智障知识的普及和志愿者培训;社工在机构管理中发挥着服务管理、人事管理和行政管理的作用。

重庆慧灵坚持非营利性质，认为最理想和公平的收费应该是"三三三"制原则，即家长、政府、机构自筹各承担1/3，所以服务收费本身就不到位，即只收了运作成本的1/3。为了让家庭有特殊困难的智障人士能走出家庭，融入社会，有机会经历到生命历程的各个正常发展阶段，重庆慧灵还对他们减免费用，享受减免学员占学员总数的70%。另外，对参与职业培训的学员都给予了金额不等的劳务费，这些做法无疑更加扩大了重庆慧灵的资金缺口。虽然近年来残疾人联合会（简称残联）给予了机构较大的支持，但由于是以项目形式运作的，资金稳定性差，没有保障，加之机构自筹部分因各方面原因也筹措不到位，因此短期内无法根本解决资金不足状况。

模块三

项目运作篇

非营利组织项目管理概述

项目概述

本项目主要学习项目的概念、特征及类型，项目管理的起源与内容，非营利组织项目管理的特点、原则与意义等三个任务。通过该项目的学习，对非营利组织的项目形成初步的认识，具备对项目及项目管理的初步认知和理解。

引 言

项目是什么？一提起项目你会联想到什么？奥运会有各种各样的比赛项目，某个项目是某个运动员的强项，建筑工地上会看到某某项目指挥部，业务洽谈中时常听到项目合作，公共工程对外发布信息称为项目招标，各种广告中经常看到"好项目推荐"等，这就是日常生活中接触的"项目"。此外，你有没有留意，你正阅读的这本书，每个章节都以项目来表述，如本章为"项目八"，起始部分有"项目概述"，告知大家本篇章的任务目标。为什么要用项目来表述？基于这些问题和日常生活经验，我们一起来学习本项目内容，了解项目的概念与特征、项目类型和作用及项目管理原则等。

任务一 了解项目的概念、特征及类型

情境导入

海霞刚入职到一家环保公益组织工作，协助张姐开展湘江流域水质监测与公众参与治理项目管理，主要内容是进行水质定期监测，并发动公众关注湘江环境问题，积极参与湘

江流域环境保护，提升公众的环保意识，并转化为自觉的行动。对于这些工作内容，海霞基本能够理解。而什么是项目，为什么要用项目的方式开展工作，如何进行项目管理，她们的项目和那些工程指挥部的项目有什么不同，对海霞来说则比较抽象，难于理解。

任务目标

根据上述情境，思考下列问题：
（1）什么是项目？项目有哪些特征？
（2）非营利组织项目跟一般工程项目有何区别？

知识链接

项目管理学作为一门学科最早出现在美国，其产生的直接动力是建设和管理大型项目。它所研究的对象，主要是如何优化定量的资金，通过科学的运筹和管理达到既定的项目目标。其主要内容包括：项目计划、项目控制和组织管理。项目管理的概念大约在20世纪80年代末引入中国，随后，其应用范围越来越广，已经扩大到各行各业的各个层面，以至于非营利组织也不约而同采用了项目运作的方式。从世界非营利组织发展的趋势来看，很多非营利组织都以项目的方式开展活动，甚至有的非营利组织就是为了运作项目而产生的。因此，项目控制与运作水平的高低，便成为非营利组织发展与进步的决定性因素之一。

一、项目的定义、特征与类型

对于项目的定义，国内外有多种说法，但是基本含义是确定的。美国项目管理学会在《项目管理知识体系指南》中认为，项目就是用来创造唯一产品或服务的一项临时性任务。具体而言，项目是指在一定的约束条件下（主要是限定时间、限定资源），具有明确目标的一次性任务，是在一定时间内，满足一系列特定目标的多项相关工作的总称。项目是一件事情，一项独一无二的任务，也可以理解为在一定的时间和一定的预算内所要达到的预期目的，项目侧重于过程，它是一个动态的概念。

此外，从项目的称谓来看，项目还有别的名称。例如，研究工作中的"课题"和"攻关"、社会事务中的"专案"、建设事业中的"工程"、军事和防务中的"行动"和"演习"、战役中的"战斗"、各种组织中的"任务""活动"等。这些不同的称呼反映了项目活动的广泛性，反映了人们对项目认识的演变。"项目"已成为人类工作和生活中使用频繁的现代词语。

项目八　非营利组织项目管理概述

由于项目是为了完成特定的目标，在一定的资源约束下，有组织地开展一系列非重复性的活动，所以，项目不是日常性、常规性、重复性的工作，如企业的技术改造活动、一项环保工程的实施、一个水电站的建设、一次公益活动的策划、政府体制改革等。而日常工作或日常运作是连续不断、周而复始的活动，如企业日常生产产品的活动。一般而言，项目具有一次性（不重复）、独特性（差异性）、目标的确定性、活动的整体性、组织的临时性和开放性、成果的不可挽回性等基本属性。

（1）一次性。一次性是项目与其他重复性运行或操作工作最大的区别。项目有明确的起点和终点，没有可以完全照搬的先例，也不会有完全相同的复制。项目的其他属性也是从这一主要特征衍生出来的。

（2）独特性。每个项目都是独特的。或者其提供的产品或服务有自身的特点；或者其提供的产品或服务与其他项目类似，然而其时间和地点、内部和外部的环境、自然和社会条件有别于其他项目，因此，项目的过程总是独一无二的。

（3）目标的确定性。项目必须有明确的目标，这些目标包括时间性目标，如在规定的时段内或规定的时点前完成；成果性目标，如提供某种规定的产品或服务；约束性目标，如不超过规定的资源限制；其他需要满足的要求，包括必须满足的要求和尽量满足的要求；目标的确定性允许有一个变动的幅度，也就是可以修改。不过一旦项目目标发生实质性变化，它就不再是原来的项目了，而将产生一个新的项目。

（4）活动的整体性。项目中的一切活动都是相关联的，构成一个整体。多余的活动是不必要的，但缺少某些活动必将损害目标的实现。

（5）组织的临时性和开放性。项目班子在项目的全过程中，其人数、成员、职责是在不断变化的。某些项目班子的成员是借调来的，项目终结时班子要解散，人员要转移。可以说，项目组织没有严格的边界，是临时性的、开放性的。这一点与一般企事业单位和政府机构组织很不一样。

（6）成果的不可挽回性。项目的一次性属性决定了项目不同于其他事情可以试做。项目在一定条件下启动，一旦失败就永远失去了重新进行原项目的机会。

从类型来看，项目按照不同的分类方式，可以分为不同的项目类型。按投资主体可分为私人项目、公益项目、社会福利项目、混合性项目；按投资行业可分为工业项目、农业项目、水利项目等，进而再按用途分为生产性项目、非生产性项目；按投资性质可分为技术改造项目和基本建设项目，基本建设项目进而分为新建项目、扩建项目、改建项目、恢复项目、迁建项目；按建设规模可分为大型项目、中型项目、小型基本建设项目和限额以上（以下）更新改造项目；按工作阶段可分为预备项目、筹建项目、建成投产项目、收尾项目；按投资资金来源可分为国家预算拨款项目、银行贷款项目、自筹资金项目、利用外资项目；按项目性质可分为产品型项目、服务型项目、产品及服务混合型项目；按项目领域可分为科研项目、技改项目、工程项目、服务项目。

二、非营利组织项目的含义、特征与类型

非营利组织具有非政府性和非营利性,其服务取向也与以营利为目的的商业组织有着明显的区别,服务提供和项目开展均不以营利为目的,而是关注公共利益。非营利组织项目是根据组织生存与发展需要而设计的一项临时性服务任务。相对于一般项目而言,非营利组织项目既有一般项目的基本属性,也有自身的特性。

(1) 使命为本。这是非营利组织最重要的一个特性。为什么要变成这样一个组织,为什么做这些服务,成员靠什么来凝聚,就是使命为本。每一个组织的发起人想成立这样一个组织的时候,他都会给它一个定位,就是感觉到有一种社会问题,或者有一种强大的社会需求没有被回应。这跟企业有明显的不同。

(2) 理念主导。理念主导表现在理念决定了一个组织采用什么样的途径、手段和方式去实现它的使命。这个理念对非营利组织来说几乎是它的根本,因为使命一般比较抽象,理念是一个中观层面的东西,是在实践层面秉持的一种价值信念,指引行动者通过什么样的手段去实现组织的使命。

(3) 解决具体的社会问题。为了完成它的使命,非营利组织以解决社会问题、提供服务为取向,开展组织建设和社会服务。从解决问题的方式来看,非营利组织有不同的类型,第一类是研究和倡导性组织,专门作特定领域的研究与社会政策的倡导;第二类是专门作调研的组织,专门为倡导提供依据和专业化水准;第三类是项目操作性的组织,即直接提供社会服务的组织。

从类型来看,非营利组织项目没有一般项目那么多种类,一般有以下几种划分方法:按照项目的资金来源,可以分为组织内部项目和组织外部项目;按照项目资金来源的国别,可以分为国内项目和国际项目等;按照项目的不同领域,可以分为扶贫项目、医疗卫生项目、环保项目、教育培训项目等;按照项目运作模式的不同,可以分为服务项目、倡导项目和研究项目。

任务二 熟知项目管理的起源与内容

情境导入

之前我们提到,海霞刚入职到一家环保公益组织工作,协助张姐开展湘江流域水质监测与公众参与治理项目管理,主要内容是进行水质定期监测,并发动公众关注湘江环境问题,积极参与湘江流域环境保护,提升公众的环保意识,并转化为自觉的行动。而项目管理到底是管什么,怎么管,的确非常抽象,海霞起初的工作零零散散,张姐安排做什么就

项目八　非营利组织项目管理概述

做什么,如果不安排,海霞就感觉好像不知道要做什么,面对系统的工作,时常不知道从哪里着手。什么是项目管理,它有哪些职责范围?

T 任务目标

根据上述情境,思考下列问题:
(1) 项目管理主要有哪些内容?
(2) 非营利组织的项目管理跟一般的项目管理有何区别?

K 知识链接

一、项目管理的起源与发展

项目管理起源于实际的管理活动,并在理论方面得以发展。因此项目管理的发展呈现两条比较清晰的脉络,即实践发展与理论发展。

1. 项目管理的实践发展

项目管理作为一个术语,始于第二次世界大战期间,发展到现在,经过了项目管理的起始阶段、项目管理的发展阶段和现代项目管理阶段。

项目管理的起始阶段主要指第二次世界大战期间。当时为了满足战争的需要,人们需要协调大量技术复杂、耗资巨大、时间紧迫、涉及范围广泛的工作任务,于是开始在工作中应用项目管理方法。事实证明,这种项目管理大大提高了效率,为军事上的胜利赢得了宝贵时机。

项目管理的发展阶段为第二次世界大战到20世纪80年代。由于效果显著,第二次世界大战以后,项目管理在全世界范围内迅速发展。学者们也开始对项目管理产生兴趣,并在世界范围内逐步形成两个重要的项目管理研究组织,即美国建立的注重知识的项目管理学术组织美国项目管理学会(PMI),以及欧洲国家建立的注重实践的项目管理学术组织国际项目管理协会(IPMA),后者是一种国际性的项目管理组织。

20世纪80年代以后,项目管理进入了一个新的阶段,即现代项目管理阶段。该阶段,基于美国、欧洲两大学术组织对项目管理研究与实施的推广,项目管理被广泛地应用到非军事行业中,很多国际组织、政府部门、大型企业也开始将项目管理应用到工作中以达到提高效率的目的,它们之中的典型代表有世界银行、美国能源部、IBM公司等。

2. 项目管理的理论发展

随着项目管理在各个领域的应用,项目管理相关理论也迅速地发展起来,特别是在20

世纪 80 年代后期发展更为迅速，这也是项目管理的实践方面进入现代阶段的一种必然结果。从 1957 年美国杜邦公司和兰德公司共同研发的计划管理技术关键路径法（CPM）开始，直到 1983 年，美国项目管理学会首次将项目管理知识体系规范为一项标准。1996 年，美国项目管理学会发表了《项目管理知识体系指南》，用于定义一般公认的过程，并以此作为项目管理实践的标准。2004 年《项目管理知识体系指南》第 3 版出版，对原有的知识体系进行了修正，标志着现代项目管理进入比较成熟的阶段，并为更广泛的实践应用提供了坚实的理论基础。

二、项目管理内容

根据美国项目管理学会《项目管理知识体系指南》的论述，项目管理就是将知识、技能、工具、技术应用于项目活动，以期满足或者超越项目利益相关者的需求和期望。由此可见，项目管理是一项有计划的系列活动，包含项目设计、目标确定、活动策划、项目启动、管理实施、监测评估、完成推广等，各环节之间相互联系、相互影响。其中任何一个链条的缺失，都会影响到整个项目目标的实现。系统的项目管理模式可以使非营利组织内各项项目活动从计划、执行到监控过程更加具有逻辑性和可持续性。

一般而言，项目管理包括动态管理和静态管理两部分。动态管理包括初始过程、计划过程、执行过程、控制过程和收尾过程；静态管理则包括项目管理的九大领域。

（1）项目范围管理。项目范围管理是为了实现项目的目标，对项目的工作内容进行控制的管理过程。它包括范围的界定、范围的规划、范围的调整等。

（2）项目时间管理。项目时间管理是为了确保项目最终按时完成的一系列管理过程。它包括具体活动界定、活动排序、时间估计、进度安排及时间控制。

（3）项目成本管理。项目成本管理是为了保证完成项目的实际成本、费用不超过预算成本、费用的管理过程。它包括资源的配置，成本、费用的预算以及费用的控制。

（4）项目质量管理。项目质量管理是为了确保项目达到协议所规定的质量要求所实施的一系列管理过程。它包括质量规划、质量控制和质量保证等。

（5）项目人力资源管理。项目人力资源管理是为了保证所有项目关系人的能力和积极性都得到最有效的发挥和利用所做的一系列管理措施。它包括组织的规划、团队的建设、人员的选聘和项目班子的建设等一系列工作。

（6）项目沟通管理。项目沟通管理是为了确保项目的信息的合理收集和传输所需要实施的一系列措施。它包括沟通规划、信息传输和进度报告等。

（7）项目风险管理。项目风险管理涉及项目可能遇到的各种不确定因素。它包括风险识别、风险量化、制定对策和风险控制等。

（8）项目采购管理。项目采购管理是为了从项目实施组织之外获得所需资源或服务所采取的一系列管理措施。它包括采购计划、采购与征购、资源的选择以及合同的管理。

(9)项目综合管理。项目综合管理是指为确保项目各项工作能够有机地协调和配合所展开的综合性和全局性的项目管理工作和过程。它包括项目集成计划的制订、项目集成计划的实施、项目变动的总体控制等。

任务三 掌握非营利组织项目管理的特点、原则与意义

情境导入

2013年7月26日,由中民慈善捐助信息中心主办的"中国公益慈善人才培养计划"第一期培训在北京延庆举行。比尔及梅琳达·盖茨基金会高级政策倡导官员裴彬为来自公益慈善组织的50名学员讲述了如何进行项目管理,并介绍了一些比较实用的管理技能。培训一开始,裴彬引用了前联想集团董事长柳传志的话来阐明自己的观点:"项目管理最关键的是:搭班子、定战略、带队伍。"

任务目标

根据上述情境,思考:
(1)非营利组织怎样才能做好项目管理?
(2)在非营利组织项目管理中,应掌握哪些管理技能?

知识链接

一、非营利组织项目管理的特点

非营利组织项目管理既有一般项目管理的共性,又具有非营利组织项目的个性,非营利组织项目的个性使非营利组织项目管理与政府项目管理和企业管理区别开来。

(1)公共性。非营利组织项目管理以实现公益为目标,项目管理的产出、项目管理的过程、项目管理的评估等环节都需要遵循公共利益最大化的原则。

(2)服务性。非营利组织的功能决定了非营利组织为社会提供公共服务项目,非营利组织从事的慈善项目、社会救助项目、科学研究项目、教育项目、环境项目等都是为社会公众或特定人群服务的项目。

(3)非营利性。与私人部门的项目管理不同,非营利组织的项目管理不以营利为目

的，并不向它们的经营者或"所有者"提供利润。非营利组织的"非营利性"主要体现在不以营利为目的、非营利分配性和组织资产属于社会三个方面。

(4) 透明性。透明性是与非营利组织项目管理公共性紧密相关的重要特性。透明性意味着非营利组织财务收支、社会服务质量、组织治理、人力资源等环节的信息公开、透明和可监督。非营利组织使用的是社会资源，会得到国家的税收减免、接受社会各界的捐助，目的是为社会提供公益和服务，只有其财务收支公开才能确保项目目标的实现，因此非营利组织项目管理透明性的核心是财务收支公开。非营利组织项目管理透明性还表现在非营利组织产出方面，即非营利组织产品质量和组织绩效评估的公开性和公众参与。

二、非营利组织项目管理原则

(1) 紧扣组织宗旨的原则。宗旨是一个组织的最高行动纲领，是指引组织发展与运作的基本原则。非营利组织的根本宗旨就是服务公益而非营利。因此，非营利组织的项目管理就必须时刻遵循这一根本的行动纲领。在项目立项及项目运作时，必须紧密结合这一宗旨。在面对众多的可行项目时，就应该优先选择那些符合非营利组织宗旨的项目。

(2) 重视申请环节的原则。非营利组织的项目通常要向组织外部申请，如各种基金会、中介机构、国际组织、政府部门和企业等。做好项目选择、可行性分析、项目建议书等申请环节的工作，有利于提高申请的成功率，保障项目的有效运作。因为非营利组织的资源来源于组织外部，同时资源利用又不能带来丰厚的经济回报，所以非营利组织的生存与发展有赖于其项目申请的成功与否。如果项目申请成功率高，同时项目管理效果显著，那么非营利组织就可以获得相应的社会认可，从而获得更多的社会捐赠，如此可以形成一个资源获取与利用的良性循环。因此在这个良性循环过程中，项目申请就成为至关重要的环节。

(3) 注重项目运作效率的原则。非营利组织开展项目虽然不以营利为目的，但这并不表示非营利组织的项目管理不顾及效率问题。非营利组织的项目管理同样需要控制成本、优化资源和提高效率。项目运作效率不仅表现在资源利用的成本核算层面，而且表现在最大限度地实现项目管理的原初宗旨与目的，形成良好的社会效率。换言之，不仅要花最少的钱办好事，还要花最少的钱办尽量多的好事。

(4) 规范化原则。项目管理的规范化对于提高非营利组织项目管理的成效有着重要意义。原因有以下几个方面。第一，规范化管理有利于减少领导层变更所带来的管理问题。由于非营利组织的领导层更换比较频繁，经常需要吸收组织外部人员参与，一套简单有效的规范化管理程序，有利于项目管理的可持续性。第二，规范化管理有利于组织的内部沟通和外部协调。非营利组织常常和其他组织相联系，规范化的管理制度有利于内外部信息的交流，从而提高组织对环境变化的敏感性。同时规范化管理有利于组织内部的信息沟通与资源共享。第三，规范化管理有利于提高组织的公信力，接受社会监督，避免管理腐败。

(5) 目标管理的原则。非营利组织为了完成其目标,将组织目标分解成若干小目标,并以项目的形式落实到项目团队或项目部门,而项目团队或项目部门又可能进一步将项目细分。这种目标管理的思想,在有效保证项目完成的进度和质量的同时,有利于项目的监督管理。

(6) 团队的开放性原则。根据项目组建团队,根据项目进展的阶段和状况来灵活调整团队成员,这种组建工作团体的方式打破了传统的固定建制的组织形式,使得项目团队的人员规模、专业背景、工作时间保持足够的弹性。这种相对开放的团队建构模式,不仅有利于降低人力资源成本,而且可以提升人力资源的社会价值。

(7) 坚持项目管理的可持续性原则。由于非营利组织的领导层更换比较频繁,在项目的运作过程中,项目管理的可持续就至关重要。这就有赖于项目管理的规范化进程不断完善。

三、非营利组织项目管理的意义

非营利组织项目管理具有重要的经济社会意义,具体而言包括以下几点。

(1) 非营利组织项目管理是提高非营利组织效率、经济和收益的重要途径。项目管理是提高投入-产出效率的重要手段。众多成功的项目管理实践已经反复证明,项目管理可以在明显地降低成本、节约物质和人力资源、节约时间的同时满足利益相关者的需求和实现预期目标。同样,非营利组织通过采用项目管理的方法可以大大地提高投入-产出的比例,节约社会资源,提高非营利组织项目产品的质量,提高社会效益。

(2) 非营利组织项目管理是增强非营利组织的合法性的重要手段。非营利组织的合法性是标志非营利组织得到社会公众认同、同意和支持程度的概念,公众对非营利组织的认同、同意和支持程度高则非营利组织的合法性就高,反之则合法性低。非营利组织项目管理通过贯彻公正原则、责任原则、法治原则,改变了传统管理官僚化严重、浪费严重、公众参与不足的弊端,增强了非营利组织的合法性。

(3) 非营利组织项目管理是增强非营利组织管理能力的重要方法。非营利组织管理能力包括非营利组织治理能力、非营利组织筹款能力、非营利组织营销能力、非营利组织公共关系能力、非营利组织战略和管理能力等诸多方面。非营利组织项目管理作为一种完整的、成熟的、有效的管理方法,通过非营利组织项目管理的引入,可以全面提升其提供公共产品和公共服务的管理能力。

拓展训练

公益项目管理和通用项目管理具有各自不同的特点,请大家一起探讨交流,并进行相应的信息检索学习。

非营利组织项目设计与申请

> **项目概述**
>
> 本项目主要学习非营利组织项目设计的依据、项目设计的逻辑框架与原则、项目计划书的撰写、项目申请的基本流程与技巧等四项任务。通过该项目的学习,对项目设计有全面的认识,具备基本的项目设计能力,能完成项目计划书的撰写,并懂得如何申请项目。

引言

一般在与别人洽谈合作时,当你提出自己的构想后,对方经常会说,能不能先拿个方案或计划书来看看。每天我们都会有许多的想法和构想,但是有多少是可行的,并且是可以真正实施的,可能只是一少部分,大部分还只是想想而已。"你和我谈的这个构想,会不会也只是想想而已呢?"为什么要有计划书,为什么要有方案,就是为了使构想更加完善可行。这就需要设计论证,需要拿出计划方案,而设计论证的过程,计划书制订的过程,就是将"一个想法"变成"可以实施的方案"的过程,这就需要项目设计。

之前我们提到过,本章节提及的项目,主要是社会服务项目(以下简称项目),项目相对于一般的工作而言,特别强调根据需求投入一定的资源,在有限的周期内实现可以衡量的目标。那么是否开发一个项目,启动一个项目,就需要进行相应的调查研究,开展需求/问题评估,确定项目目标,同时分析资源和利益相关方,制定实现目标的策略和方案,并论证项目实施的可行性,据此进行项目开发?凭什么说做了这些活动,实施了这个方案,就能实现目标?那是因为在这些活动之中需要建立活动内容与项目目标间的逻辑关系,需要制定恰当的策略,需要掌握项目设计的逻辑框架。项目设计的过程,也是一个调研论证及寻找回应方式的过程,将这些思考与规划,用适当的形式表达出来,就是一个项目计划书。

项目九　非营利组织项目设计与申请

项目开发的过程中，如何开展需求/问题评估？如何确定目标？怎么制定适合的策略，以及策略指导下如何制订方案？要实施方案，需要怎样的资源配置？在设计规划的基础上，如何完成一个计划书？希望同学们通过对本部分内容的学习，能够有所启发。

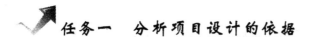

任务一　分析项目设计的依据

情境导入

小张刚应聘到一家社工服务中心做青少年社工，中心要开始新一年度项目规划，小张负责青少年领域的社工服务项目的设计。让小张头痛的是，之前在读书期间他只做过一次性的社团活动，有一定的活动经验，但从没做过项目设计，小张踌躇了很久，觉得有许多的事情要做，但不知道从哪里开始做。

任务目标

根据上述情境，请你替小张回答下列问题：
（1）项目设计要做哪些准备工作？
（2）怎样才能确定项目设计是可行的？

知识链接

一、开展需求评估

需求评估是通过一定的方法发现社区需要哪方面的改变，改变的紧迫性如何，改变需要进行怎样的过程。社会服务项目在开展前期设计评估论证时，通常与相关方建立比较紧密的关系，才能更真实有效地了解其需求。

1. 分析目标人群的需求与问题

目标人群的分析，基本包括：目标人群的界定，问题/需求的表现形式，影响范围与程度，问题的成因即客观因素和主观因素，解决问题的既往经验与成效，导致问题一直未能有效解决的延续因素，以及还有哪些优势资源等。

需要特别强调的是：在调研分析的过程中，要注重与目标人群建立良好的信任关系，良好的关系是真实有效调研的前提；需要当事人的有效参与，因为他们是这些事件的直接经历者和影响者，比其他任何人都更直接地感受到问题并受到直接影响，渴望得到解决；此外，要认识到调研分析是个循环往复的过程，许多需求与问题的分析，并非一两次的交流可以清楚准确，分析问题的过程，也是和服务对象及相关人群探讨，让服务对象参与协商如何解决问题的过程。

2. 分析组织自身的情况

自身情况分析，主要包括组织近期战略目标和项目以往的工作经验两部分。非营利组织的宗旨是通过一系列的战略体现出来的，在战略规划的指导下，组织选择合适的项目和服务策略，所以，组织在进行项目选择和项目设计时，尽量使其与组织的近期战略规划目标相吻合，同时考虑操作该类项目的既往经验，为当下项目设计提供重要参考。

3. 分析合作伙伴的情况

在问题解决、需求满足的过程中，需要包括目标人群在内的众多合作伙伴共同的努力，需要众多合作伙伴的参与、支持和资助。非营利组织设计实施的项目，是这个合作体系的具体载体，所以，在开展项目设计时，需要充分考虑该项目紧密合作伙伴的意见，包括他们对该需求/问题的看法、既往的工作经验、秉持的态度、支持或资助的方式与程度等。

二、利益相关者分析

对于非营利组织项目设计而言，在进行需求评估的同时，还要对项目有关的人群进行利益分析，以确保项目能得到大家的拥护和支持。利益相关者分析用以识别与一个问题存在利益关系的个人或群体。通过对每个利益相关者的利益、影响和重要性的评估，得出解决事件中问题的策略和结论的方法。设计行动方案以改变那些评估或者据此工作来确保项目或计划的成功实行。

1. 利益相关者的概念

利益相关者是指任何的个体、社区、群体或者组织/机构，它们跟一个事件/项目有利益上的关系，要么是因为受到事件/项目正面的影响或负面的影响，要么是以正面的或负面的方式对事件/项目活动产生作用。根据利益相关程度，可分为关键、初级、次级三种相关者。关键利益相关者是指那些能够显著地影响一项活动或者对其成功很重要的利益相关者；初级利益相关者是指那些最终或直接被一种活动所影响的个体/群体/机构，成为受益者（受到正面影响）或者成为受损者（受到负面影响）；次级利益相关者是指所有其他的个体或者机构，他们在活动中有一定利益关系或者起到中间/间接的作用。

2. 利益相关者分析法的操作步骤

（1）在做利益相关者分析法前阐述为什么要对这件事进行利益相关者分析，用利益相关者分析法来分析此事件会带来什么。另外，摆出将采取哪些途径方法进行利益相关者分析（包括时间、地点都要作详细说明）。

（2）无遗漏地找出事件中的所有利益相关者。具体步骤是先用头脑风暴法进行寻找，然后按照一定顺序（一般是事件关键利益相关者到次级利益相关者的顺序）将其整理排列好，并加以简要叙述，以方便进行以后的步骤。

（3）按在事件中的重要性来对利益相关者进行排序分析，如图9-1所示。

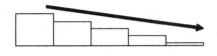

图 9-1　利益相关者重要程度由强到弱

（4）依下列各项对影响力-重要性图表进行分析（如图 9-2 所示）。强影响力-高重要性，与这些利益相关者要发展良好的合作关系；强影响力-低重要性，这些利益相关者可能会妨碍计划实施或者使问题升级，所以要让他们参与到工作中以增加他们的收益；弱影响力-高重要性，工作时应该考虑他们的声音和影响，他们通常需要得到保护；弱影响力-低重要性，不要在此浪费资源。

	弱影响力	强影响力
高重要性	保护、支持：加强影响力	合作
低重要性	不在此浪费资源	高风险 使其参与进来 以提高效率

图 9-2　影响力-重要性

（5）对所找到的利益相关者个体分别进行优势和劣势的分析，对其本身在事件中所处的利益或利害关系、正面或负面关系进行详细阐述，或再对利益相关者进行两两对比细致分析，并根据分析列出一个利益相关者分析的四分格或九分格（根据实际情况来绘制），以便提出解决方案，如图9-3和图9-4所示。

A 高重要性/低影响力	B 高重要性/高影响力
C 低重要性/低影响力	D 低重要性/高影响力

图 9-3　重要性/影响力矩阵（四分格）

（6）根据可能的促进或阻碍作用，提出建议和对策，得出结论，作出总结。需要注意的有两点。首先，事情是动态发展的，而在这动态发展的过程中，利益相关者在事件中的重要性、影响力或支持度并不是一成不变的，因此在做分析过程中，要及时调整、分析并修正各利益相关者的重要性、影响力或支持度，以便得到更正确的分析，为提出解决方案打下基础。其次，为了更好地解决问题，需要充分了解影响力大或支持度高的方面，积极寻求中坚力量的支持，想方设法让影响力小或反对者的反作用降到最低。

	支持度	
低		高
A1 高重要性/ 低支持度	B1 高重要性/ 中支持度	C1 高重要性/ 高支持度
A2 中重要性/ 低支持度	B2 中重要性/ 中支持度	C2 中重要性/ 高支持度
A3 低重要性/ 低支持度	B3 低重要性/ 中支持度	C3 低重要性/ 高支持度

重要性：高 ↑ 低

图 9-4　重要性与支持度矩阵（九分格）

三、进行可行性论证

这里所说的可行性论证，是指专门为决定某一项目是否合理、是否可行而作的深入论证，为决策提供科学依据。可行性论证一般要仔细分析项目背景、项目意义、组织内外部环境、需要的资金、预期效果等。一般而言，可行性论证要回答以下问题。

（1）为什么要开展本项目？

（2）组织内外有利与不利因素有哪些？

（3）需要多少资金？

（4）资金如何筹集？

（5）项目实施需要多长时间？

（6）项目需要多少物力、人力资源？

（7）项目完成后，服务对象有何变化？

（8）项目可能出现哪些问题？

从论证的主体来看，项目的可行性论证可以分为两个层次：一是项目管理人员自己作的论证；二是项目之外的人员作的论证。由于项目设计人员一般和今后的项目管理人员重合，他们出于小团体利益的考虑，可能会使得可行性论证显出较强的主观性，为了避免这种现象造成负面影响，通常还需要请项目之外的人员进行项目可行性论证。

从论证的步骤来看，可行性论证一般有三个步骤。

（1）准备阶段。落实参加可行性论证的人员，收集项目设计的资料，收集组织内外部相关信息，并作出初步分析。

（2）论证阶段。包括对各个方案的优缺点、费用、成效等指标进行全面分析。这是最重要的阶段，通过对各个方案的比较，最后确定一个最优方案，或者否决所有方案。

(3) 编制可行性报告。可行性报告是可行性研究的结果，也称为项目评价报告，是对项目是否可行所做的评定性文件。可行性报告的部分内容可供项目计划书编写时参考。

任务二　熟知项目设计的逻辑框架与原则

情境导入

某学校的笃行湖非常漂亮，许多同学都到湖边赏景游玩，也有周边社区居民在湖边散步休闲，与之伴随的是湖边的环境卫生问题，地上经常有饭盒、瓜子皮、食品袋等，很影响景观和卫生。晓丽是学校社工协会的负责人，希望通过开展一些工作，改善湖边的环境卫生，于是召集协会代表开会。有的同学提出搞个"爱我笃行湖万人大签名活动"，有的同学提议安排大家做一次卫生大扫除，有的同学提议安排值日生清洁，有的同学提议增加志愿者进行劝导监督，有的同学提议增加垃圾桶……

晓丽觉得每个人说的都好像很有道理，但要做的事情很多，到底做哪些才是有效的呢？做哪些才能真正治理好笃行湖呢？做了大家说的这些活动，真的能够治理好笃行湖吗？

大家看到，晓丽所担心的不无道理，可能做了大量的工作，也无法实现目标。凭什么说做了你所说的这些活动，就一定能实现目标呢？

任务目标

根据上述情境，思考下列问题：
(1) 怎样的项目设计才能达到预期目标？
(2) 项目设计有哪些基本框架与步骤？
(3) 项目设计有哪些基本原则？

知识链接

一、项目设计的要素

大家都知道，小时候学习写记叙文，一般有六要素，即时间、地点、人物、事件的起因、经过、结果。只有这六个要素交代清楚了，才能把一个事件基本讲明白。那么，项目设计也是类似，要考虑五个关键要素，即目标（Objective）、策略（Strategy）、对象（Customer）、方案（Activity）、资源（Resource），简称"OSCAR（奥斯卡）五要素"。只有把这五个要素分析交代清楚了，项目操作才有更好的保障。

  O：Objective 目标：根据目标人群的需求及组织的现状，确定项目的目标。
  S：Strategy   策略：通过对目标实现的关键因素分析，确定实现目标的策略。
  C：Customer 对象：目标人群及相关参与方的清晰界定，即项目受众与伙伴。
  A：Activity   方案：在策略的指导下，有针对性地制订相应的活动方案。
  R：Resource 资源：为了实施这些活动，需要配置相应的资源作为保障。

二、项目设计的逻辑框架

  逻辑框架是表明项目活动与目标产出之间的逻辑关系，以及描述这些关系的指标和方法。逻辑框架的形成过程也是项目开发的过程，即所有的活动开展与目标产出之间，都有相应的逻辑关系。策略的分析在此过程中至关重要，策略即是实现目标最有效的途径，所有活动都是在此策略的指导下开展的。

  （1）了解服务人群需要。需求评估是项目设计的首要任务，也是可行性论证的必要部分，包括服务人群的问题是什么，原因是什么，希望如何改变。

  （2）确定项目目标。澄清问题，分析关键的干预点，结合组织的服务现状，确定适合目前现状的可以实现的目标。目标可以包括长期目标和短期目标，宏观目标和微观目标。确定目标是一个冲突、妥协、达成共识的过程。

  （3）确定干预策略。策略是指寻找合适的途径以实现目标，是关于实现目标的宏观格局的思考，通过利益相关者（资源、伙伴、媒体、对象等）分析，确定合适的策略。通俗地讲，策略即是关键性的指导思想。

  （4）制订行动方案。行动方案即是项目要做的具体的事项或内容。要做的具体工作，通常也叫作项目要开展的活动。所有具体事项的安排，都不是想当然地去做的，而是在策略的指导下进行的。策略得当，可以达到事半功倍的效果。

  （5）有效配置资源。要实施上述行动方案，落实活动内容，就需要相应的资源进行保障，才能使得活动得以顺利实施。资源通常包括人、财、物等，资源配置是行动顺利实施的重要保障，也是策略制定的重要分析因素。根据项目的合作伙伴不同，资助的方式也有所不同，一般而言，支持方主要包括政府、企业、个人、基金会等，与不同的支持方合作，有不同的侧重点，要在澄清自身的基础上，寻找合适的伙伴与资源。

  通过上述五个步骤分析，可以看出五个因素之间的逻辑关系，即在需求的指导下制定目标，为了实现目标制定合适的策略，在策略的指导下制订有效的行动方案，要实施这些方案，需要配置相应的资源。各个环节之间都紧密关联，任何活动都不是随便开展的，而是在适当的策略指导下实施的，只要策略得当，从逻辑关系上，就应该可以更有效地保障项目目标的实现。这就是项目设计的逻辑框架。

三、项目设计的基本原则

好的项目设计，是成功申请的重要保障。之前提到过，项目是用有限的资源投入，在一定周期内，实现可衡量的目标。所以，项目在设计时往往涉及如何调动包括服务对象在内的社会参与和资源动员，在项目援助周期结束后，是否有可持续发展的空间，项目在解决问题时的创新性和有效性，以及项目的实施经验和执行能力。

（1）参与性原则。现在，几乎所有的机构都反对生硬武断地实施援助项目，要使项目取得成功，受益人不是仅参与到项目的实施过程中，而是应该从项目的筹划阶段就全面参与。所以，援助组织一般不会青睐那些一看就像几个人坐在办公室里想出来的项目建议书。不管你的工作领域是哪一方面的，在你设计方案时一定要走进基层，向你认为会在项目中受益的人了解他们的想法，这是确保项目获得成功的关键因素。

（2）可持续性原则。对于任何项目，可持续性都是一个重要的因素，长期才能见效的项目更是如此。例如，对环境影响较大的农村发展项目，从长远来看，该项目将产生的问题是否比其所解决的问题更多？农村居民的后代是否将受益于此项目，该项目是否会降低他们所继承的环境的质量？可持续性的另一个重要方面是资金上的可持续性。当项目的预算款项花完之后，该项目产生的回报是否足以维持这一项目在将来的持续发展，或者当计划资金用完后，该项目是否就此告终？

（3）创新性与适应性原则。援助组织不常资助常规的服务业，对于申请者而言，申请的项目内至少应包括一些在该领域是新的、可发展的东西。没有创新性的项目是不会引起援助组织的兴趣的。需要充分分析在该领域的服务体系中，哪些已经是实施了的，效果怎样，哪些方面还存在严重不足，迫切需要加强和改善。创新是基于过去的老办法难以回应新形势、新问题、新需要，而提出的更有力地回应问题需求的一种方式。有效性是创新的核心，应基于系统的分析和评估，找到更合适更有效的回应方式。

（4）公开透明原则。财务的公开与透明是衡量一个组织公信力的重要指标。一般而言，援助组织希望项目的公开性与财政透明度是有系统的。以一个小学勤工俭学项目为例，假如一个贫困的乡村学校想建一个果园，将其盈利用于支付学费、购买教学设备、改善学生伙食等，共需投入 10 万元人民币。这看起来是个好项目，但援助组织同时也会关心具体由谁管理并使用这笔资金。如果仅由县教育部门或学校领导来决定，他们是不放心的，大部分的援助组织希望其项目是能被公众监督管理的，且资金的决策应由一个包含有教师和家长代表在内的委员会来管理。这样由多方承担项目及资金的责任，不仅能减少个人贪污挪用资金的可能，也能促进项目真正的社区参与性和信誉度。用这种方式，项目的受益人可以有权利参加委员工作会议，亲临了解决策的制定，表达自己的意愿。

任务三　掌握项目计划书的撰写

情境导入

伟伟是一个养老机构的志愿者，他觉得很有必要建立一个志愿者资源库，并对志愿者进行系统的培训和支持。当他向机构负责人王先生提出自己的构想时，王先生觉得很好，希望伟伟先拿出个志愿者培训发展方案，在周一例会上与机构其他主要负责人协商，决定进一步怎么操作实施。

我们经常会看到，如果你有些什么想法，和对方交流，希望获得相关方的支持，对方可能没有面谈的时间，也可能由于不方便直接见面谈，就经常会说，能不能先拿出个方案来看看，再决定怎样实施。于是，计划书就成为一种很重要的沟通方式，可以让对方更好地了解和支持你。

任务目标

根据上述情境，思考：
（1）计划书有什么作用？
（2）项目计划书的基本框架包括哪些方面？

知识链接

项目计划书是集项目申请前期工作之大成，直接向资助方提交的正式文件，其目的在于打动资助方，使其愿意提供项目所需的各种资源。可见，项目计划书是何等重要。撰写项目计划书也由此成为非营利组织项目人员所必须掌握的基本功。

一、项目计划书的基本框架

对于项目计划书，不同的资助机构有不同的要求，有的要求宽泛，没有固定格式；有的则限定格式，要求提供表格。如何应对这些差别需要项目设计人员在实际运作中去积累经验，但项目计划书也有许多共性。在这里，我们简单介绍项目计划书的基本框架及要求。

1. 首页（封面）

项目计划书的首页，一般包括项目名称、实施地点、项目周期、资金需求情况、实施机构、项目负责人、申请时间。

2. 项目简介

总体上描述项目的背景、目标、意义、所要开展的活动，以及项目实施后的成效。

3. 主体部分

主体部分主要包括以下内容。

（1）项目背景和立项理由。需要阐明三层含义。首先是项目环境。例如，地理位置、面积、人口、民族构成、交通通信条件、生产力结构、人均收入水平、教育卫生情况等。其次是项目背景。描述项目需求出现的历史、发展与现状，市场需求分析，实施项目的迫切性等。再次是项目意义。展望通过项目实施后，项目受益人群将出现何种变化，项目区将出现什么样的变化，即项目目标的实现。

（2）项目的目标。目标可以分为总目标和具体目标。在设计目标时，注意总目标和具体目标的关联性，切忌目标过高、空虚，不可操作。

（3）项目内容。围绕项目目标，设计项目要开展的主要活动，以确保项目目标的达成。

（4）项目进度表。项目进度表是对项目内容的进一步细化，明确什么时间做什么事情，谁来负责，需要什么资源等。

（5）项目预算。预算内容尽可能详细具体，包括申请资助部分和配套资金部分。一般来说，预算项目包括交通费、通信费、食宿费、资料费、设备费、会议费、劳务费、管理费、其他费用。

（6）项目的不确定性及应对措施。在项目设计时，要估计项目运作过程中存在的难点及不确定性，对此，应阐述攻克难点及不确定性问题的应对措施，从而降低风险。

（7）项目参与人员。主要包括项目主持人和项目参与人员的个人简历，如学历、职业经历、项目运作经验等。一般主持人的情况要详细一些，其他参与人员可以简单一些。

（8）项目成果。这部分阐述的是项目的运作成果，即期望获得的成果，如果需要的话，还要包括项目中期成果。

（9）项目评估方法。明确项目实施前、实施中、实施后所采用的评估方法，以确保项目的顺利进行和目标的达成，以及对项目的反思。

4. 附件

在项目计划书中，附件可以包括机构介绍、与政府有关部门的合作备忘书、项目点的实物资料等。

二、项目计划书的撰写

尽管我们熟悉了项目计划书的基本框架，但并不代表我们撰写出来的项目计划书能够打动资助方，获得资助方的认可。要想获得资助方的认可，这就需要思考在写项目计划书应注意的一些问题，以提高项目计划书获取立项的可能性。

1. 撰写依据

一定要明白写这个计划书是站在谁的立场，写给谁看，发挥什么作用，然后才是如何去写。许多时候，如果是写申请，则需要仔细阅读申报指南，或者了解信息发布方/发布者的重要信息导向，以此作为重要的撰写参考依据。

2. 写作风格

可以根据写作对象的不同，决定采用相应的风格。根据阅读对象的不同，采用不同的着重点和文风，如政府项目申请类，则注重严谨正规，突出政策依据和官方表述；如果是基金会项目申请，则了解基金会的风格，根据其导向，可以选择更感性的表述，以情动人。

3. 参考格式

一般的项目申请都有对应的格式，可以参考对方发布的格式进行填充撰写。如果没有统一的格式，则可以参考上节谈的基本逻辑内容，自拟框架结构进行撰写，关键是要把该表述的内容，清晰完整地表达出来。

4. 使用阶段

根据计划书的使用阶段不同，可以采用不同的撰写风格或套路。如果是洽谈初期，可以考虑先写个简单的项目意向书，只要表达意向即基本的框架思路即可；如果对方有这个意向，听取对象的意见后，再考虑参考上述格式，完成一个更完整规范的项目计划书；如果计划书获得批准，准备实施，则需要准备实施方案，重在如何具体操作；当然，后续还有总结评估等。不同阶段，计划书有不同的用途和要求，依然要回到撰写依据的基本原则，即明白为什么写这个计划，站在谁的立场，写给谁看，希望收到怎样的效果。

5. 早期练习

对于初学者，尽量使用对方提供的格式，或者参考类似适当的格式进行微调，然后填充对应版块的内容；也可以参考类似项目计划书的文本结构和表述方式，进行修改，填充适合自己的内容。这样就可以使写作更加规范，这对早期的练习者比较有效，写得多了，就会形成不同的套路，逐渐融会贯通。

任务四　掌握项目申请的基本流程与技巧

情境导入

三军与几个同学创业，成立了一个助残的志愿服务组织，在服务的过程中，他们发现有大量的重度残疾人卧床不起无法出门，有许多年老的父母抚养着成年的残疾孩子，随着年事渐高越来越力不从心，迫切需要上门服务，于是三军和同事设计了一个为缺乏自我照顾能力的残疾家庭，提供上门服务的居家助残服务项目，他们认为这个项目对这类家庭非常有帮助。

项目计划完成后，让三军犯愁的是，这样一个老百姓迫切需要的好项目，到哪里去寻找资助和支持呢？三军尝试着把计划书推荐给一些热心公益的企业，也找了基层残联，还投给了一些他在网上找到的基金会。可回应很有限，企业说他们关心的是活动，以后有活动可以联系他们；残联说现在还不了解你们的机构，你们先做着，他们有时间去看看；联系的那家基金会回复说这个不属于其资助范围，他们重点资助的是环保和助学。忙来忙去几个月时间过去了，三军还在为寻找资助方发愁。

任务目标

（1）上述案例中，三军遇到了什么问题？
（2）项目设计与项目申请有何关联？
（3）项目申请有哪些渠道和流程？

知识链接

一、项目申请的基本渠道

一般而言，根据资助方的不同，非营利组织项目申请有政府、企业、个人和基金会四种渠道，如表 9-1 所示。

表 9-1　非营利组织项目申请的渠道

申请渠道	关注要点	资金使用	合作方式	局限性
政府	政策、政绩、创新年度工作计划	社会问题的缓解、解决树立良好的社会影响	购买服务 资助服务	独立性 形象工程
企业	效益、利润、品牌媒体推广与知名度	不是很关心	冠名、捐赠 义卖、基金	风险 声誉
个人	服务人群的生活和问题，到底怎么了	我的支持对他有什么效果，有什么改善	义卖、捐赠 义工	公信力 信誉度
基金会	项目策划怎么样项目实施怎么样	是否实现项目目标可持续性怎么样	项目申请 项目支持	门槛 弹性空间

1. 政府渠道

需要了解政府的政策文件及工作计划。政府往往关心的是特色创新与工作亮点，如何缓解矛盾、解决问题,如何促进和谐稳定,包括如何树立良好的形象。政府往往采用购买服务的方式,解决其所关心的社会问题,或者是从福利彩票等渠道支出,配合政策导向解决民生问题。

2. 企业渠道

需要了解企业的背景和当前的情况,与企业文化建设、品牌传播以及企业社会责任相结合。企业对于援助资金如何使用往往不是很在意,相对而言,更在意这样的援助对于企业的经济效益、品牌传播有什么作用。企业往往采用冠名、捐赠物资、参与义卖或设立非公募基金等方式,提供项目支持或援助。

3. 个人渠道

部分项目会直接面向个人开展劝募,尤其是个体特征比较鲜明具体、可以分解开逐个去解决的个案问题,如助学类的项目,或者个别化的大病救助类工作,经常面向个人开展劝募,寻求个人采用一对一的方式开展援助,或者通过每人援助一点点共同合力去完成一个项目。个人往往关心的是项目服务对象的生活是怎样,面临怎样的困难问题,自己的参与对当事人问题的解决有怎样的效果。个人往往采用直接援助或者提供志愿服务的方式,提供力所能及的支持。

4. 基金会渠道

需要了解基金会的项目申报指南,主要资助什么领域,不同年度有怎样的资助方向和侧重点。基金会的成立,就是为了实现某一方面的使命目标,在实现这个目标过程中,基金会更侧重资金的筹募,提供资金以支持服务机构工作的开展。基金会往往采用项目招标的方式,发布项目申请指南,由服务机构提出项目申请。服务机构的项目设计可以结合自身的情况,参考项目指南,作出适当的设计。仔细阅读项目申报指南,对于项目设计和申请有着直接的指导意义。

二、项目申请流程

不同的项目资助方,有不同的申请规范和流程。此处以基金会的项目申请流程为例进行说明。一般而言,项目申请流程包括:第一,阅读项目申请指南;第二,递交项目合作意向书;第三,通过审核确认双方均有意向后,递交项目申请书;第四,项目审批;第五,签署项目资助协议,分期拨付项目经费。

需要说明的是,如果资助方有明确的申请指南,则按照申请指南开展项目规划;如果没有申请指南,但你很希望和对方开展项目合作,可以先了解对方的背景和工作规划,寻找合作的契合点,开展意向洽谈。

项目开发的过程,往往是双方协商洽谈的过程,是个循序渐进的过程,所以会时常先有合作意向书,简略、整体地描述合作的意向或构想,待双方都有意向后,再根据双方协商的共识,制订出一个更细致的项目计划书,再进一步洽谈。

项目审批一般会由资助方组建的项目评审委员会进行评审,部分项目需要进行现场

项目九 非营利组织项目设计与申请

考察论证，让资助方充分地了解申请机构的工作背景、项目团队的执行能力，以及项目设计与资助方的目标契合度。项目审批的过程，也是沟通洽谈、项目论证、双方不断加深了解和互动的过程。项目也在此期间不断地修订完善，更具可行性，所以，项目审批也兼具项目进一步论证与完善的职能。

审批通过后，双方即签署合作协议，明确双方的责任和义务。至此，项目申请工作基本完成。

三、项目申请的技巧

项目申请的过程，是一个促进项目了解、寻找合作伙伴、建立信任关系的过程，有以下一些关键性的策略或注意事项，供申请者参考。

1. 建立关系

与潜在的合作伙伴建立并发展良好的关系，对任何一个成功的项目申请而言都是关键的。在申请前先了解资助方及其关注点、关注项目类别是什么；同时想清楚自己的关注点，包括双方的工作领域是否匹配、工作省份是否方便合作等。深入了解可以避免盲目散发计划书。良好的关系并不是建立在拉关系或请客吃饭上，而是建立在对资助方的工作方式、兴趣和宗旨有恰当的理解上的，只有了解这些情况，申请者才能将申请的项目定位于该组织可能感兴趣的领域。许多申请往往不是一次就申请成功的，一些没有审批通过的项目，也可以和援助方沟通，听取援助方的评审意见，便于来年更好地完善，而这个沟通了解的过程，也是很好的建立关系增进了解的过程。例如，你在某次会议上认识了一个潜在的资助者，可以在两三天后与他取得联系，并把自己的项目告诉他。如果他没有立即作出回应，也没有关系，可以继续与其分享自己的项目成果，让他记住你，以后申请资金就可能更容易。在申请过程中，如有对资助方的其他要求，就应该明确提出。

2. 洽谈讨论

在对申请者不了解的情况下，很少有哪个组织会对区区一纸项目申请书加以认真考虑。成功的申请往往是经过会谈与讨论达成的。在向一个援助组织提出申请的时候尽可能多地了解其情况是必要的。虽然许多时候，通过私人的介绍与有关机构建立关系在初期更有助于对其进行了解，但深入的了解更多是通过直接的洽谈和考察。在接触早期，比较适宜的方法是打一个电话或是写一封信询问他们的情况，然后要求与之进行面谈，讨论相互感兴趣的问题。资助组织一般而言都乐意与服务组织接触联系，更有一些在主动地寻找合作伙伴，因此他们对潜在合作伙伴提出的接触会比较欢迎。

3. 寻求共识

资金永远是有限的，援助组织只能将援助集中在与自己使命目标紧密相关的项目与领域中，虽然有些项目可能是很有价值的，但向一个已决定只资助基础教育和卫生项目的组织申请资助其他项目无疑是浪费时间。所以，对申请者最有用的建议是：了解你所接触的援助组织的想法与工作方式。如果在项目设计中能充分考虑项目申报指南的要求，紧扣资助方的目标和领域，则更有可能申报成功。

4. 持续跟进

申请书投递后，可以考虑做的后续工作：打电话给资助方，告知你的计划书已经投递，并且简要说明其内容；除了询问对方是否收到计划书之外，同时确认什么时候可以收到回复；对资助方表示感谢，但是要记住，NGO 的工作不是为资助方做销售，而是为服务对象服务；项目申请不能光靠运气，要不断地耕耘，即使申请未成功，仍然可以不断地将你的项目进程和成绩告诉对方，以争取下次有机会。

拓展训练

请大家回顾一下自己过去的成长经历，是否开展过活动设计，写过活动计划书，或者参与过活动的筹备？想想，这些活动设计有哪些成功或失败的经验？经历了本章节的学习，如何看待自己当时的设计或写作，有些什么经验或启示？

问题：

（1）谈谈项目设计最关键的是什么？

（2）项目设计时如果难，难在哪里？

非营利组织项目实施与管理

项目概述

本项目主要学习非营利组织的项目如何实施，具体包括组建项目团队、制订项目实施方案、项目实施与管理三项任务。通过该项目的学习，对项目实施有一个整体的认识，知道项目实施的主要任务和注意事项，具备初步的项目实施能力。

引 言

完成了项目申请后，下一步的工作就是项目实施，所有的目标效果都是通过实际的项目实施来实现，无论项目设计得多么完美，最终都需要在实践中检验。完善的项目设计为项目实施奠定了坚实的基础，而不恰当的设计也为实施留下了许多隐患。如果说项目设计更侧重从理论上进行清晰的规划，那么项目实施则是在实践中检验这套规划，同时也对项目团队的执行能力进行检验。许多项目设计得很好，想得很好，但如果实施时没有适合的条件、环境、团队等，再好的项目设计也是徒劳无功，甚至好心办坏事，造成极大的资源浪费和负面影响。如何做好项目实施，如何组建团队，如何进行项目管理，怎样监测评估，希望同学们通过对本项目内容的学习，能够有所启发。

任务一 组建项目团队

情境导入

一天早上，张玲打开邮箱，欣喜地收到了期待已久的邮件。"尊敬的张玲女士：

我很荣幸地通知您，经过评委会审议，您申请的'湖北省大学社团参与社会服务能力建设项目'获得了资助，协议书即日邮寄过来……望开始做好实施准备。"张玲非常开心，这是她负责申请到的第一个项目。随之张玲想到的是怎么着手开展项目实施。项目执行团队是半年前确定的，部分人员现在有了调整，许多预期的人和资源能否真正协调起来，当时初步协商的意向，是否能够真的得到落实，这些都是张玲当前面临的现实问题。

所以，我们看到，即使项目设计得再完备，一旦到了具体执行阶段，仍需要解决一个一个的具体问题。一般而言，项目实施的第一步就是根据项目实施需要，组建富有执行力的项目团队。

任务目标

根据上述情境，思考：
（1）项目团队应如何组建？
（2）怎样才能发挥项目团队的效能？

知识链接

项目团队是保障非营利组织项目正常运转的有生力量。项目团队不同于一般的群体或组织，它是为实现项目目标而组建的，一种按照团队模式开展项目工作的组织，是项目人力资源的聚集体。他们共同承担项目目标的责任，兼职或者全职地向项目负责人进行汇报。一个成功的项目团队必须具备四种能力，即决策制定能力、均衡的问题解决能力、冲突管理能力和技能描述能力。

一、明确目标任务

项目开始实施时，项目负责人首先需要进一步研读项目申请书，明确该项目执行的关键目标和产出，以及对应的策略和资源配置，要在心中有个整体的框架，这样才能基于执行的需要，有效配置相应的执行团队。

二、有效配置团队成员

根据项目执行的需要，配置相应的执行团队成员。在考虑团队成员时，执行机构一般原来就有一些员工或核心志愿者，往往不需要所有的人都进入这个项目，因为项目本身只是机构工作的一部分，要根据项目执行的需要，确定在项目执行中发挥关键作用的成员，

项目十 非营利组织项目实施与管理

并明确分工职责。一般的团队组成包括项目顾问、项目执行人、项目参与方、项目志愿者。项目执行人是团队的核心,要对项目执行有全面、清晰的认识,有充分的时间投入和全局观念。尤其部分公益项目因处于发展初期,执行人还只能以志愿者或兼职人员的形式参与工作,那么在选择或聘请执行人时,除了考虑能力的因素,首先要能够充分保障工作时间的投入,不然再好的项目、再有能力的人,也无法执行好。

三、形成团队工作机制

项目团队往往是由顾问、执行人、参与方及志愿者等多方组成,跨专业或跨领域合作,就需要有相应的工作机制,才能保障项目顺利地实施,团队成员遵守相应工作机制,才能有序地开展工作。一般的工作机制包括分工合作机制(明确职责定位)、定期沟通机制(如例会、月报、简报等不同形式)、财务管理机制(如财务审批及流程等)、工作考核机制(如作息及绩效等)等。

四、进行项目统筹

项目工作的过程,往往是多方参与共同解决问题的过程。这就需要有一方或者一个人来统一协调,类似军队的统帅,是项目团队中最核心的角色。由其通过全盘筹划,用最少的时间、人力、物力,获得最佳效果,其核心工作为抓住关键环节,合理安排工作,以缩短工时,提高效率。在项目管理里中统筹法又称为网络计划法,它是以网络图反映全局,总体展现计划安排,据以选择最优工作方案,组织协调和控制工作(项目)的进度(时间)和费用(成本),使其达到预定目标,获得最佳效益的一种优化决策方法。项目统筹需要具备比较丰富的项目工作经验和整体协调能力。

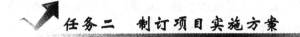
任务二 制订项目实施方案

S 情境导入

经过协商,张玲组建好了项目团队,自己负责项目统筹,但工作从哪里开始呢?计划是构想,实施是操作,这套构想在操作的时候,具体从哪里着手呢?是需要先拿出一个实施方案,在计划书的基础上突出如何具体执行,还是先拿出第一个月的工作计划?对此,张玲很是困惑。

任务目标

根据上述情境,思考:
(1) 项目实施方案与项目计划书有何区别?
(2) 制订项目实施方案应遵循哪些原则?

知识链接

制订项目实施方案是一个使具体目标和战略明确的过程,是一个关于如何启动、维持和保证项目顺利实施并完成项目的过程,其主要作用是降低项目运行的风险,进一步明确项目目标,增强运行效果,并为监测评估提供基础。

一、制订项目实施方案的原则

制订项目实施方案的目的在于把项目的主要设想和战略落实为具体明确的行动,并确定各项活动所需要的投入,以及有关部门、人员的职责。一般来讲,项目实施方案要遵循以下几个原则。

(1) 目的性。任何项目都有一个或几个确定的目标,以实现特定的功能、作用和任务,而项目实施方案的制订正是围绕项目目标的实现而展开的。

(2) 系统性。项目实施方案本身是一个系统,由一系列子方案组成,各个子方案彼此相对独立,又紧密相关。

(3) 动态性。在项目运行期间,项目环境常处于变化之中,可能使方案的实施偏离项目的基准。因此,项目实施方案要随着环境和条件的变化而不断调整和修改。

(4) 相关性。项目实施方案是一个系统的整体,构成项目实施方案的任何子方案的变化都会影响到其他子方案的制订和执行,进而最终影响到方案的正常实施。

(5) 职能性。项目方案的制订和实施不是以某个组织或部门内的机构设置为依据,也不是以自身的利益及要求为出发点,而是以项目和项目管理的总体及职能为出发点,涉及项目管理的各个部门和机构。

二、项目实施方案的基本框架

项目实施方案的制订有一定的基本框架,一般来说包括以下几部分。

(1) 项目目标:说明本项目的指导思想、任务目标和年度阶段目标。

(2) 工作内容:详细说明项目的工作范围、具体内容和技术要求等,在项目实施方案创建过程中,这一部分内容能量化的指标应尽可能量化。

(3) 方法手段:项目实施过程中所采取的方法与手段。

(4) 预期效果：在制订项目实施方案时，要说明项目完成时所达到的有形或无形的效果。

(5) 进度安排：详细说明各阶段工作安排的时间和项目工作内容完成的时间，这需要项目实施方案的负责人对项目有全方位的掌控和评估能力，尽力让项目实施的进度与方案所计划的时间吻合。

(6) 组织形式：详细说明承担单位、协作单位和各自分工的主要内容，也可以包括项目的保障机制。

(7) 项目预算：这是项目实施方案中很重要的一项，能够评估项目的价值和项目所能为企业带来的利润。具体到每一个项目，则要根据项目的特点来制订相应的方案。

三、项目实施方案的编写

项目实施方案通常由标题、正文、落款三个部分的内容构成。

1. 标题部分

确定项目实施方案的标题通常有三种方法：第一种是二要素法，即"实施的内容＋文种"，如"大学社团参与社会服务能力建设项目实施方案"；第二种是三要素法，即"制文单位＋实施的内容＋文种"，如"湖南光爱之家居家助残服务项目实施方案"。第三种是四要素法，即"制文时间＋制文单位＋实施的内容＋文种"，如"二〇一二年长沙市社会工作人才队伍建设项目实施方案"。

2. 正文部分

项目实施方案的正文一般分前言、主体、结尾三个部分。

(1) 前言。要写明制发项目实施方案的目的和依据，要求写得简明、扼要。一般先写制发的目的，常用"为""为了"开头；然后说明制发的依据，常用习惯语"根据……结合本项目的实际，制订本实施方案"结束。以简明扼要的一段话把制订项目实施方案的目的和根据非常清楚、明确地表达出来。

(2) 主体。主体部分是项目实施方案的主要内容，一般包括四个部分的内容：一是简要阐述实施某项工作的重要性和必要性；二是阐明实施某项工作的指导思想、目标要求及指导原则；三是实施某项工作的安排、步骤、方式方法等；四是关于对工作的保障措施等。这部分的内容要求具体明确，具有很强的可操作性，如实施某项工作分为哪几个步骤、每个步骤安排在什么时间、时间安排多长以及每个步骤由哪些参与方、哪些人员负责落实等都要做好具体明确的安排和分工。同时上述四个部分的内容，可以根据不同的参与方、不同的工作内容而有所删减，有的实施方案就不写第一部分重要性和必要性的内容，而直接写后三个部分的内容。

(3) 结尾。结尾部分通常对贯彻项目实施方案提出明确的要求，要求相关参与方统一思想并贯彻执行，要写得简明扼要，复杂的项目可以要求参与方就具体参与内容制订进一步的实施计划和相关要求。

3. 落款部分

在正文右下角写上实施机构的名称和起草日期。如果标题中写明实施机构的,可以省略不写,直接写起草日期。

政府部门的实施方案一般用于下发给制文机关所属的部门、单位及各科室,要求其遵照执行。公益机构社会服务项目实施方案主要发送给相关参与方和支持方。

任务三　项目实施与管理

S 情境导入

张玲所执行的大学社团服务项目为期一年,眼看半年时间过去了,要递交项目中期验收报告,但项目的进度并不尽如人意。原本设计的培训因种种原因只进行了 1/3,原本计划出版的月报往往滞后出版,负责发行的志愿者也很不稳定,公益图书馆虽然建立了,但书籍不多,借阅率也没有当时预期的那么高。项目启动时第一批拨款 40%,递交项目中期报告、通过验收后才能获得第二批项目资金。如何应对中期评估,以及如何处理项目工作滞后的问题,都让张玲倍感压力。

T 任务目标

根据上述情境,回答:

(1) 张玲所执行的大学社团服务项目在实施过程中遇到了哪些困难?

(2) 如何解决张玲遇到的困难?

K 知识链接

一、项目启动

制订好项目实施方案后,即可开始着手项目的启动。由于一般项目工作人员对于项目申请工作涉入不深,以致对项目的具体情况不是很了解,所以需要一个类似动员会性质的项目启动会,以帮助每个参与项目的工作人员了解情况,强化意识,调动组织整体的积极性。

项目启动时主要考虑如下事项：

(1) 进一步明确此项目的动机，使项目成员系统地了解项目的来龙去脉，有整体把握。

(2) 进一步明确项目要达到的预期目标和受益人群。

(3) 进一步明确实施项目的初步计划，并讨论详细计划。

(4) 进一步明确各个工作人员的分工。

(5) 进一步明确项目需要的时间和资金投入。

(6) 进一步明确可能会影响项目成败的外部因素。

二、项目的控制与管理

非营利组织项目控制是指在项目实施过程中，项目管理者跟踪、检测项目的实际进展，对比项目计划目标，找出偏差，分析成因，研究纠偏对策，实施纠偏措施。项目的控制与管理的内容主要有项目进度控制、项目财务管理、项目内部评估、有效沟通、风险管理、项目监测等。

(1) 项目进度控制。项目进度控制是采用科学的方法确定进度目标，编制进度计划与资源供应计划，进行进度控制，在与质量、费用、安全目标协调的基础上，实现预期目标。由于进度计划实施过程中目标明确，而资源有限，不确定因素和干扰因素较多，主客观条件的不断变化，计划也随着改变，因此，在项目实施过程中必须不断地掌握项目实际状况，并将实际情况与计划进行对比分析，必要时采取有效措施，使项目进度按预定的目标进行，确保目标的实现。

(2) 项目财务管理。通常情况下，资助方并不是一次性把所有的项目经费都拨给非营利组织，而是根据项目的进展情况和财务情况，逐笔汇到项目管理机构。因此，做好财务管理是运作项目必需的工作。项目要按照"便于管理，适度控制，从严审批"的原则，规范项目财务管理办法和制度。为保证项目专款专用，要加强银行账户管理，一切资金收支统一纳入项目财务管理，由项目管理机构上报财务决算。对参与项目的内部单位实行合同管理，对各单位收入成本费用设明细账单独考核，自负盈亏。

(3) 项目内部评估。项目内部评估是指项目管理机构对项目内容和战略所作的评估，旨在发现预见到和未预见到的项目活动的结果，找出问题所在，并提出修改意见。非营利组织在进行项目管理时，科学地进行内部评估，可以合理地确定项目的目标成本，据此进行有效的成本控制，从而实现项目效益的最大化。需要强调的是，作为项目管理机构，内部评估应该是经常性的行为，是项目管理中的一个重要环节，可以及时发现问题和解决问题。

(4) 有效沟通。在项目管理中，经常会出现一些问题和矛盾，需要通过管理人员的有效沟通加以化解。有效沟通关注的是沟通的效果，它取决于沟通能力。沟通是信息交流的重要途径，使双方能增进彼此了解，项目管理活动中任何沟通的最终目的都是为了更好地提供服务、提升服务品质。对于非营利组织而言，工作报告是汇报沟通的一个重要工具，可以促进执行方、资助方和项目相关方的有效沟通。一般的项目报告包括项目可行性论证报告、项目进展报告、项目财务报告、项目监测报告、项目评估报告。根据项目周期的安排，一般的项目需要递交中期项目报告和终期项目报告。

（5）风险管理。在项目的实施过程中，由于一些不可控因素和不确定性事件的存在，项目运作存在一定的风险。在风险出现后，非营利组织可采用的风险应对策略主要有回避、转移、缓和和接受。风险回避是指改变项目计划以消除风险，风险转移是指通过应对措施将风险转移到对自己不构成威胁的地方，风险缓和是指将风险概率或其影响降至可接受的水平，风险接受是指项目团队决定勇敢应对挑战。

（6）项目监测。项目监测又叫项目跟踪，是指项目各级管理人员根据项目规划和目标等，在项目实施的整个过程中，对项目状态以及影响项目进展的内外部因素进行及时的、连续的、系统的记录和报告的系列活动过程。监测是为了收集信息数据，了解工作是否按原计划进行，即检查工作是否按计划投入资源、开展活动、产出成果。

项目监测是项目管理的重要手段，它根据制订的计划来衡量记录实施的过程，主要监测项目的进度、监测项目的产出、提出项目执行中的问题、修订项目计划。项目监测是贯穿在项目执行过程中的一个相对独立的活动，有助于控制项目执行过程，尽量不偏离项目目标，及时把握项目进展的状况并提出建议。监测可以看成是重新计划项目的过程。监测的主要作用是：及时了解成员的工作情况，调整工作安排合理利用资源，促进完善计划内容，促进项目统筹对人员的认识，统计并了解项目总体进度，有利于项目人员考核。

三、项目评估

项目评估是指对已经完成的项目的目标达成情况、执行过程、成效、项目管理能力所做的系统的、客观的分析。

1. 项目评估的意义

项目评估的主要意义在于：一是通过对项目活动实践的检查总结，确定项目预期目标是否达成，项目是否合理有效，项目的主要绩效指标是否实现；二是通过分析评价找出成败的原因，总结经验教训；三是通过及时、有效的信息反馈，为未来新项目的设计、决策、项目管理能力的提高提供意见。

2. 项目评估的原则

（1）公正性和独立性。项目评估必须保证公正性和独立性。公正性体现了评估和评估者的信誉，防止在发现问题、分析原因和做结论时避重就轻，作出不客观的评价；独立性有利于评估的公正性，评估者应是没有参加过项目活动的人员，应进行独立评估，避免项目决策者和管理者自己评价自己的情况发生。

（2）可信性。评估的可信性取决于评估者的独立性和经验，取决于资料信息的可靠性和评估方法的适用性。可信性的一个重要标志是评估可以同时反映出项目的成功经验和失败教训。

（3）实用性。项目评估的主要目的是指出项目实施过程中存在的问题以及好的做法，为以后类似项目的设计与实施提供参考与借鉴。

（4）透明性。透明性主要是指项目评估的过程、结果要公开，接受资助者、媒体、社会公众等对项目的咨询与监督。

（5）反馈性。反馈性主要是指将项目评估结果反馈给组织管理部门、评估委托方以及被评估单位等，以便项目的有关主体更好地了解项目实施情况及效果，为后面的项目规划提供决策依据。

3. 项目评估的内容

在正式评估之前，评估组织者应确定评估人员，编制项目评估提纲或评估标准，以明确非营利组织项目评估的内容。一般而言，非营利组织项目评估的内容可以从项目方案、项目实施、项目管理、项目成效四个方面来衡量。

（1）项目方案评估。项目方案评估主要评估项目的策划是否专业、规范；服务计划是否具有逻辑性和可操作性，是否有效回应服务对象需求和项目目标要求；服务对象界定是否符合项目基本要求；对需求的调查分析是否准确，需求分析报告结构是否完整，是否能根据需求合理界定项目服务的覆盖范围和目标指向；预算方案是否体现目标相关性、政策相符性、经济合理性、公益导向性的原则。

（2）项目实施评估。项目实施评估主要评估在项目实施中，是否能够按照项目方案中的计划配备相应的专业人员，并在项目实施中发挥相应作用；在项目实施中，使用的场地、设备、服务设施及相关物资是否能够满足项目运行需求；在项目实施中，项目所开展的工作是否与组织的宗旨、使命相符，以及与项目方案设计的内容基本一致。

（3）项目管理评估。项目管理评估主要评估是否制定和执行了项目人事管理制度、财务管理制度、物资管理制度及保密制度；是否制定和执行了完善的项目实施与管理规范和程序；是否全面、原始、真实保存项目服务档案；是否制定了服务对象权益保障制度；项目团队是否根据服务方案制定了总体工作计划和阶段性工作安排，是否制定了项目进度管理制度，并合理安排工作进度；是否建立了项目质量保障与评估指标体系；项目执行机构是否对其项目实施过程中存在的风险进行预估，是否制定了项目应急预案；项目资金使用是否符合预算执行方案和财务管理制度。

（4）项目成效评估。项目成效评估主要评估项目目标的实现程度；服务对象、购买方、项目执行方对项目过程与成效的满意度；项目的社会效益（包括项目的影响力、可持续性、可推广性）。

拓展训练

（1）请大家回顾一下自己的成长经历，在日常生活中，自己如何落实既定的学习或工作计划？实施和计划有何不同？

（2）如何看待非营利组织承接与组织宗旨不直接相关的项目？在此基础上，拜访当前 NGO 或社工从业者，听取其项目执行的经验和反思；如果你有项目参与的经验，试着写下自己参与的项目或社团服务的报告。

模块四

技能拓展篇

非营利组织筹款

项目概述

本项目主要介绍非营利组织筹款的概念、理念与原则,非营利组织筹款的基本策略与技巧,非营利组织筹款的基本方式等三项任务。通过该项目的学习,了解非营利组织筹款的基本理念与原则,熟悉非营利组织筹款的基本方式,重点掌握非营利组织筹款的基本策略与技巧并能运用。

引 言

一个家庭的运转需要资金,一个企业的运转需要资金,一个非营利组织的运转同样需要资金,资金获得的方式有许多种,如劳动报酬、股票、利息、房租、贷款等。非营利组织承担着一定的公益使命,通过筹款活动能将社会资源集中起来,再通过提供服务的方式用于社会,同时也为非营利组织自身发展提供资金。可见,能否筹到款是非营利组织正常运转和可持续发展的重要保障。筹款是一个需要艺术、策略、专业化知识和技巧的市场运作的系统化过程。成功的筹款者和有效的筹款策略,是非营利组织生存和发展的必要条件之一。

任务一 了解非营利组织筹款的概念、理念与原则

情境导入

一家为智障人士服务的非营利组织 2012 年的收支基本持平,支出近 160 万元,其中人力支出占 55%,房租和伙食等日常开支占 35%,管理费用占 10%;收入近 160 万元,

收入组成为服务对象缴费占45%，政府补贴为30%，筹款为25%，近40万元来源于国内外基金会、爱心企业、爱心个人等的捐款。

这个机构为100多位成年智障人士服务，服务对象中家长所交纳的费用与机构支出相差太大，和其他非营利组织一样时常出现资金短缺，像2012年这样收支平衡的年份不多。为了帮助更多的智障人士走出封闭的家庭，共享社会文明成果，机构需要筹集更多的资金。

任务目标

（1）根据以上案例，了解非营利组织筹款的概念。
（2）非营利组织筹款的目的是什么？
（3）非营利组织筹款需要遵守哪些原则？

知识链接

一、筹款的概念

筹款一词，英文原文为"fund-raising"，又译作"募款"或"募捐"。这一概念原本用在政治活动中，指的是"组织或个人为了政治因素，发动募集资金的行动或过程"（the Random House Dictionary of English Language，1987）。然而，非营利组织的筹款不同于政治t的筹款，它是基于组织的宗旨和目标，向政府、企业、社会大众或基金会等，发动募集资金、物资或劳务的过程。非营利组织筹集的资金必须在符合其宗旨的范围内使用，在应用于项目和组织发展之后，如果有多余的款项，则不能作为利润进行分配，必须留存用于下一个项目或组织发展。

和筹款密切相联系的概念是捐款。捐款（donation）指的是人们无偿地"将他们的资源给予其他人"。捐款和筹款相辅相成，即筹款的目的是要得到捐款人的捐款，捐款人需要寻找合适的筹款人。筹款和捐款是一个动作的两个方面，没有捐款的筹款将影响组织的资金来源，而没有筹款的捐款人也将无处可捐。

非营利组织的筹款常常被说成是"高级乞丐"，是一批缺少金钱或物品的组织向富有者恳求捐款的行为。早期的筹款的确有这样的特点：筹款者总把希望寄托在有钱人的赏赐上，从而影响了专业筹款的发展。这或许是因为在非营利组织发展史上，曾经有一段依靠基金会取得"无忧无虑"捐赠的时期，它们依靠得到的资助开展一些活动，那时候，基金会对非营利组织的要求也不过是一份报告而已。但是，现在许多基金会已经不再是这样的操作模式了，它们非常关注自己的资助效果，尤其是那些研究型和实证型项目，基金会甚至会派人和非营利组织联合开展活动。

随着压力的增加，非营利组织也在四处寻找扩大资助的渠道，尽管许多非营利组织在逐渐扩展收费的服务和产品的范围，但是开展专门的筹款活动仍是保证组织正常运作的重要保证。经过实践，人们发现：和营销一样，筹款也是一种市场活动，非营利组织筹款也需要进行市场分析，也需要有相应的市场策略。

二、筹款理念的发展

伴随着非营利组织的发展，筹款理念也在逐渐地发展着，非营利组织的筹款理念大致经历了产品导向阶段、推销导向阶段、顾客导向阶段①。

（1）产品导向阶段。非营利组织在开始筹款时一般都在这个理念下运作，它们通常会认为，"我们有一个很好的想法，我们应该得到人们的支持"。这时的非营利组织很少考虑顾客，它们只在乎尽量把它们自己的产品做好。这个阶段的特点是：大部分的款项由非营利组织的高级管理人员利用他们的关系网筹得，不存在专门筹款人；有些组织还依赖志愿者和友好人士得到一些捐赠，少量忠诚的捐赠者却提供了大部分的捐赠。

（2）推销导向阶段。随着非营利组织之间的竞争加剧，筹款形势急剧下降，以产品为导向的筹款越来越困难，非营利组织意识到必须走出去，采用以推销为导向的手段，即推销导向理念。推销导向的一个通俗理解是找到潜在的捐赠人，并说服他们捐钱。非营利组织当中出现了大量的专职筹款人，筹款人的工作仅仅是筹款，并不涉及组织其他方面的工作，所以他们对组织的政策和个性影响很小，并不改进组织本身。目前大部分的组织仍然处于这个阶段。

（3）顾客导向阶段。随着非营利组织采用营销导向，它们在筹款的策略上也开始采取顾客导向理念。这时的组织既不是固守自己的想法，守株待兔式地等待人们自动捐赠，也不是派人无规划地到处寻找资金，他们主动分析组织在市场中的位置，关注那些接受组织宗旨的人们，设计使潜在捐款人满意的活动计划，甚至和潜在捐款人一起合作设计活动项目，同时也通过筹款活动培养新的潜在的捐款人。这种筹款理念包括仔细划分筹款市场，分析各个筹款市场，规划针对不同市场的筹款计划并安排实施。顾客导向的筹资更关注顾客，把顾客放在至高无上的位置，分析社会和捐款人的需求，并努力满足他们。顾客导向的筹款是现代非营利组织发展的趋势，越来越多的大型非营利组织逐步迈入这个阶段。值得一提的是，以顾客为导向的筹款活动必须以组织采用营销导向为基础。

一个组织从推销导向方式转变为顾客导向方式的信号是，他们不再把潜在的捐款人当作自己的目标，而是当作潜在的合作伙伴。

---

① 王名.非营利组织管理概论[M].北京：中国人民大学出版社，2010：203.

三、非营利组织筹款的基本原则

在中国特殊的文化、社会环境下,评价一次非营利组织筹款行为是否成功应包括三个层面:一是是否筹集到目标资金;二是机构的形象是否被有效推广,公共关系网络是否得到稳固或扩大,综合能力水平是否得以提升;三是最重要的,就是公众对筹款行为的认知度、观念的变化和参与情况。为了达成这些筹款目标,非营利组织应根据其理念文化确立一些基本的筹款准则。

(1) 依法筹款的原则。非营利性组织必须依法登记,合法筹款(如非公募基金会不得面向公众募捐),并接受由不付薪水的志愿人员组成的相关委员会(如理事会等)的监督;必须按照国家和地方相关法规,严格控制维持其自身运转的支出比例,并向公众及时提供、公布年度财务报告以及定期的项目工作报告。此外,非营利组织可以通过开展义演、义卖、义赛等方式筹款,但必须得到业务主管单位的同意和相关部门的批准。

(2) 坚守组织使命。在筹款过程中要有明确的理念和使命,不能为了筹款而放弃或背离机构的理念,相反要把筹款作为推广机构理念、使命的根本途径。对于一个组织来说,资金固然重要,但任何筹款行为都不能有违机构理念。通常不能接受的捐助包括军火商的捐助、非法来源的捐助、违背宗旨的捐助、违反受益者意愿的捐助、不道德的捐助等。如果组织接受了这些资金,公众就会对机构的使命产生怀疑,失去对机构的信任。另外,需要谨慎对待的捐助包括具有宗教色彩、政治色彩、商业公司、附带额外要求的捐助等。

(3) 阳光运作原则。在世界各地,捐款人都担心贪污和资金的滥用。显然,非营利性组织必须依法登记,合法筹款,并接受由不付薪水的志愿人员组成的相关委员会(如理事会等)的监督;必须按照国家和地方相关法规,严格控制维持其自身运转的支出比例,还必须向公众及时提供、公布年度财务报告以及定期的项目工作报告。需要特别说明的是,尽管控制和降低营运成本很重要,但不能忽视对组织能力的投资。

(4) 志愿者参与原则。许多有关调查表明,参加非营利组织志愿活动的人捐出的钱可能更多。为了适应某些志愿者的需求,一个发展中的组织必须在正常工作时间以外,设计志愿者参与组织活动的机会,有计划地接纳志愿人员参与组织的工作,特别是筹款工作,建立自己的社会支持网络。有关研究表明,社区内的志愿者参与越多,组织的声誉就越好,组织在社区内的筹款工作就会做得越成功。

(5) 公益目的原则。筹款实际上是资金从人到人的过程,捐款人想要知道他们的钱能否被用好、是否产生真正的效果,对人有多大的帮助和改善等。多年来,非营利组织都习惯于向捐款人报告他们开展的活动和受益人数,如为多少人提供了服务,有多少个志愿者工时,提供了多少次咨询服务等。但捐款人又要开始问"这样又如何?"100个无家可归者接受了就业培训,但更重要的是有多少人找到了工作?反过来,当我们开展新的筹款活动时,以前工作的效果特别是深层的效果和影响就是最有说服力的动员理由。

(6) 诚信公关原则。筹款不仅是为了筹钱,更重要的是与捐助人建立合作伙伴关系。

我们在筹款中应像对待朋友一样对待捐款人，从这个意义上讲，需要我们与捐款人互相了解、建立互信。因此，筹款必须要有长远眼光，第一笔钱的多少并不重要，而重在建立一种互信关系，只要这种成熟持久的关系建立起来，必定能带来超出意料的回报。

（7）实话实说原则。无论是筹款还是资金使用，非营利组织永远要说明事实，组织的名声至关重要。组织由人组成，而人总会出错；当出现错误或不足时，不要试图掩盖事实，那会破坏信任。相反诚实会赢得捐款人的信任，而信任可能会使捐款人捐得更多。

（8）明确要求原则。要让捐款人清楚地知道你要什么。无论是面向公众的宣传还是一对一的沟通，都要说出你的要求。不要主观认为你无法得到资源，这将限制你的筹款。

（9）重视宣传原则。尽管非营利组织筹款必须注重节俭和控制成本，但筹款宣传以及适当的投入是十分必要的。因为只有通过宣传，才能让社会大众了解组织，了解组织的使命及其推动的事业，了解是参与的重要前提。

（10）非"交易"原则。在中国现实的公益环境下，尽管筹款应引入市场营销的思路和方法，但公益事业毕竟不同于商业活动，我们应将营销的核心放在考虑捐款人的合法、高层次需求上，而不能把商业活动中所有的有力武器都吸收过来。例如，"回扣"和"提成"等手段，如果在公益组织筹款中应用这些手段将会有百害而无一利，最终会把组织为实现宗旨、目标和使命而开展的募捐活动引向歧途，一旦曝光无疑会使组织陷于不仁不义和社会公信力丧失的境地。

（11）尽量不要采取自身开展投资经营活动的方式进行筹款。当民间组织在开展社会募捐活动比较困难的情况下，许多组织试图通过自身开展投资经营活动的方式筹集善款。实际上，从中国社会的慈善、公益思想起源等分析可知，这条路是走不通的。一个以追求利润为最大目标的机构，即使你的利润是用于公益的，公众也很难相信其公益性。反过来，一个经营活动在利益相关者缺失的情况下，也很难在激烈的市场竞争中获得利润。当然，非营利组织也可以做一些如义卖、义拍、义演等短期的经营活动，但不应把自身开展投资经营活动作为其主要的筹款手段。

任务二　掌握非营利组织筹款的基本策略与技巧

情境导入

为了充分调动社会组织参与社会服务的积极性，发挥社会组织在创新社会治理和构建社会主义和谐社会中的积极作用，2014年10月29日，民政部下发了《2015年中央财政支持社会组织参与社会服务项目实施方案的通知》（民函〔2014〕320号）。2015年中央财政支持社会组织参与社会服务项目（以下简称"项目"）预算总资金为2亿元左右，其中发展示范项目（A类）约5000万元，承接社会服务试点项目（B类）约6500万元，社会工作服务示范项目（C类）约6500万元，人员培训示范项目（D类）约1500万元，具体资金分配根据项目申报和评审结果予以调整。

"项目"确定了资助社会组织在社会救助服务、社会福利服务、社区服务、专业社工服务等四个领域，申请发展示范、承接社会服务试点、社会工作服务示范、人员培训示范等四类项目。并明确了社会组织申报的条件：(1) 在民政部门登记成立，且2013年年检合格；(2) 有正在开展实施的社会服务项目；(3) 有相应的配套经费来源；(4) 有完善的组织机构；(5) 有健全的财务制度和独立的银行账号；(6) 有健全的工作队伍和较好的执行能力；(7) 有已开展实施社会服务项目的经验，具有良好信誉；(8) 申报专业社工服务的，应为民办社会工作服务机构或社会工作行业组织，并确保项目组专职工作人员中有1人以上取得全国社会工作者职业水平证书或具备社会工作专业背景。

任务目标

(1) 根据上述材料，思考非营利组织筹款的方式有哪些。
(2) 如何争取政府购买非营利组织的公共服务？

知识链接

对捐赠者进行有针对性和仔细的分析是成功实现筹款的基础。因为这样不仅可以把精力集中到那些最有可能的捐赠目标上面，而且还可以通过有针对性地了解捐赠者，避免不当的行为，建立日后积极的相互信任关系。可见，和营销一样，筹款也是一种市场活动，非营利组织筹款也需要进行市场分析，也需要有相应的市场策略。

一、筹款的市场

非营利组织有各种不同的资金来源，大体可以分为四种市场：个人市场、企业市场、基金会/国际资助组织、政府市场等。小型组织通常面向某一市场筹款，大型非营利组织通常是多种市场并用，努力向所有的市场募捐。

1. 个人市场

个人市场又叫大众市场，是非营利组织筹款最主要的市场。在美国，个人捐款占到所有慈善捐款的80%左右，几乎每个人每年都要对一个或几个组织捐款，捐款金额的大小则依个人的收入、年龄、教育、性别及其他特征而有所不同。

(1) 早年捐赠者。这个人群的捐款者界定在50岁以下，他们一般都还忙于工作，同时需要应付各种压力，如支付小孩的培养费用、赡养老人等，他们可以自由支配收入的限制比较大。这个群体捐赠的数量相应较小，通常是一些小额的经常性捐赠。

（2）中年捐赠者。中年捐赠者年龄在50～70岁，他们处于相对比较稳定的时期。孩子已经完成大学学业，主要资金支出已经完成，他们一般在这个时期退休，有时间考虑各种问题，参与各种非营利组织的活动。经常性的资助在这个阶段延续，但是中年捐赠者逐渐开始为非营利组织进行数目比较大的捐赠。

（3）晚年捐赠者。晚年捐赠者年龄超过70岁，他们不像一般的捐赠者，通常不再继续做经常性的捐赠，因为其收入在逐渐萎缩，他们以遗赠或其他方式做大额的捐赠。在美国，遗产要向国家交纳很高的遗产税，这可能是促使捐赠者晚年捐赠的原因之一。

了解人们捐赠的动机，是把握个人市场的基础，只有了解了人们为什么捐赠，非营利组织才可能对症下药。大体来说，捐款人的动机主要包括内在动机和外在影响力两大部分。内在动机包括三个方面：个人的或"我"的因素、社会的或"我们的"因素、负面的或"他们的"因素。外在影响力包括三个方面：回报、刺激、特定情境。任何一个非营利组织在开展筹款活动时，必须考虑这些因素并对之加以分析，从中找到那些对组织筹款有利的因素，进而为制定筹款策略打好基础。

在我国，个人捐赠占资金来源总数的比例还比较低。随着我国居民生活水平的提高和法律环境的改善，个人捐赠的额度将有望大大提高，非营利组织应该重视这个市场，并为开发这个市场做一些相应的工作。

2. 企业市场

与个人捐赠不同，企业捐赠更重视回报。一般而言，企业参与非营利组织活动有五种主要目的：一为减免税；二为企业形象；三为社会责任（长远回报）；四为销售的增加；五为企业内部关系的改善。企业捐款除现金、债券外，还有产品、劳务、设施、技术等形式。

20世纪90年代以后，风险的强大压力和市场的竞争迫使企业利润减少，要求企业运作必须更有效率，这引起企业对涉足非营利事业的思考。一些企业把参与非营利事业看成是一种新的竞争武器。

有希望捐款的企业包括有地缘关系的、有业务关系的、有社会责任的、有私人关系的等。成功的企业筹款需要非营利组织首先清楚如何有效界定有希望的企业。一个非营利组织可能会面对很多企业，但是对于特定的非营利组织来说，通常只有有限的几个企业可以合作。一般而言，非营利组织也不会和太多数量的企业进行合作。具体来说，容易提供捐赠给非营利组织的公司有以下几种。

（1）当地公司。和非营利组织同处一个地域的公司是非营利组织极好的筹资对象，对于有地缘关系的非营利组织的捐款建议，公司往往很难拒绝。例如，一个艺术表演团体可以基于提供文化娱乐、改善当地生活品质而争取公司的捐赠。实际上，公司会发现支持这样的组织是值得的，通过参与非营利事业，可以帮助公司改善形象、吸引和保持高层次的人才、改善员工之间的关系、提升公司的凝聚力等。

(2) 开展和非营利组织相关活动的公司。如果公司的活动和非营利组织的活动相关，那么该公司将是一个很好的筹资对象。例如，一家非营利医院能轻易地向制药公司筹到钱，而一家私立学校能向其毕业生所在的公司筹到资金。

(3) 宣布了支持领域的公司。有些公司出于各种目的，努力推广公众形象，宣布了明确支持领域或支持倾向，非营利组织可以把那些宣布了明确支持领域的公司作为目标公司。

(4) 有私人关系的公司。非营利组织筹款人利用他们的私人关系，往往可以得到向公司申请资助的线索。这里值得一提的是理事会，非营利组织理事会成员的一个重要职责就是筹款，而且非营利组织的理事会一般由有影响的人组成。

(5) 大型公司。大型公司一般财力雄厚，比较看重支持非营利事业，从而获得长远回报，那些以慷慨大方著称的大公司是极好的筹资对象。但是筹资人员最好先弄清楚一个具体的大公司偏向于哪类非营利组织捐赠，或者弄清楚它的捐赠史，做到有的放矢，这往往能使募捐事半功倍。

(6) 能满足特殊募捐要求的公司。如果一个公司正好具有非营利组织想要的资源，筹资人员可以把它看作筹资对象。例如，一家非营利的医院计划维修病房，需要油漆，就可以向一家油漆生产公司申请捐赠，因为油漆公司正好能满足医院的需求。

前面的标准将有助于非营利组织在众多的企业中挑选可能捐助的企业。其中，和组织同处一个地理位置或者涉足相同领域的公司尤其重要，除了募捐以外，非营利组织还可以考虑与其开展长期的合作关系（所谓的"关联营销"）。

当组织向一个企业寻求捐赠的时候，应该首先明确捐赠的意义、数额、用途及能给予企业的回报，并制订出周详的营销计划。

但是，需要特别注意的是，非营利组织和企业之间的合作看起来似乎是一个双赢的结局，非营利组织通过企业获得需要的资金和援助，加强了公众对问题的关注；企业可以通过参与非营利活动实现更多的销售，打造一个更好的公众形象，同时提高雇员的士气等。但是，对于双方来说，都有一些潜在的危险存在。非营利组织的管理者必须认识到这些风险的存在，以便采取适当的策略加以避免。

3. 基金会/国际资助组织

大多数的基金会/国际资助组织都有捐款的义务，尤其是国际基金会，它们的任务就是为值得捐赠的项目提供资金，对发展中国家或地区来说，除了寻求国内基金会的资助之外，还应该努力寻求国际资助机构的资助。

和其他筹款市场一样，基金会/国际资助组织也需要识别，即找到最符合自身要求的募款对象。识别基金会/国际资助组织的主要概念是匹配，也就是说，非营利组织需要根据它们的兴趣和运作模式找到匹配的基金会/国际资助组织。此外，识别基金会/国际资助组织的另一个重要原则是，辨别该组织是否从事过或正在从事反华活动，一些组织以各种慈善名义为幌子，在中国从事颠覆活动，这种组织的资金不能申请和使用。

在确定了少量可能对项目极其感兴趣的基金会/国际资助组织后，非营利组织必须精确分析它们的兴趣，以增加获得资助的成功率。大多数的基金会会对咨询信件、电话或个人访谈作出迅速的反应，并直接表明它们对项目的感兴趣程度。基金会官员可能会持鼓励态度，也可能持劝阻态度。

对于基金会/国际资助组织来说，一个好的项目建议书往往在争取资助上起到关键性的作用，成功写好项目建议书逐渐成为一门艺术。一个项目建议书至少应包括以下一些方面。

（1）简单的概述。描述一下项目的背景，以及和目标组织里的什么人取得的联系。

（2）项目建议。描述项目，说明其独特性和重要性，以及如何开展项目的简单设想。

（3）项目预算。尽量详细，在项目启动前应该进行反复论证，建立周密的资金使用计划。

（4）项目参与人员。列举有关本项目的工作人员及他们的简历。

项目建议书本身需要写得非常精练、个性化、有系统性并简单易读。在项目建议书里，还必须突出目标组织的标准。许多基金会/国际资助组织在它们的年度报告或备忘录里描述它们的标准，它们的标准也可以从最近它们接受的项目建议书中来推断，或者请教专家。基金会/国际资助组织最常用的标准有：① 项目的质量和重要性；② 非营利组织对这笔捐赠的需求程度；③ 非营利组织的组织能力和使用资金的效率与成效；④ 运作项目的主要人员；⑤ 基金会/国际资助组织通过资助项目可以得到的收益。

根据这个原则，如果一个基金会/国际资助组织重视通过资助可以得到的收益，申请组织就应该在项目建议书中突出合作，强调双方的成果；如果一个基金会/国际资助组织非常重视资金的使用成效，申请组织应该列举组织以往项目的成效。

4. 政府市场

非营利组织提供的是公共服务，开展的是公益活动，从一定程度上代替政府做了部分工作，有效弥补了部分"政府不足"和"市场不足"。随着政府机构改革的深入与非营利组织的发展强大，非营利组织承担的公共职能越来越多，在解决一些问题时，政府也需要与非营利组织进行合作，所以政府不排斥对非营利组织的资助，并且引导和培育非营利组织的健康成长。从这个意义上讲，政府是非营利组织的重要资金来源。国外研究表明，得到政府的支持，对非营利组织的发展很有帮助，非营利组织的主要奖金来源之一就是公共支持。从对中国很多非营利组织调研的情况来看，保持和政府之间的合作，是它们取得成功的因素之一。政府资助的方式有奖励、减免税待遇、项目委托、政府购买服务等。

对于扶持非营利组织，政府只进行拨款并不是一种有效的方式。因为直接拨款的形式，容易破坏非营利组织和政府之间的合作关系，非营利组织也容易丧失"自治性"，甚至成为政府的附属机构。通过减免税待遇、项目委托、政府购买服务的方式更能推动非营利组织的健康发展，使它们能承担起更多的公共职能。例如，政府购买服务这种方式虽然在我国兴起不久，但在国外已有200年的历史，因科学、公正、透明、节支效果显著等优点为目前发达国家或地区普遍采用。政府购买服务，一方面可以提高政府运作的效率，另一方面也有力地支持了非营利组织。

二、筹款的基本流程

非营利组织的一次筹款活动一般包括五个步骤：成立筹款小组，细分市场，确定目标，设计、实施筹款计划，评估、总结筹款活动。根据具体的筹款活动，可以有所增减和修改。

1. 成立筹款小组

非营利组织一般每年都有筹款任务，以维持组织的运作与发展。成立筹款小组是筹款活动的第一步，也是最重要的一步，只有拥有一个有效的团队，才可能作出成功的市场划分，制订成功的实施计划。一般筹款小组要由非营利组织的主要领导人牵头，大部分高层管理者都应该参与，以保证最大限度地动员组织资源。

2. 细分市场

细分市场也是一个重要的环节。一个好的市场划分，可以为制定有效的策略打下基础，把一个总市场细分有助于管理者决策，如将在每个分市场付出多少努力，如何去接近这个分市场。相反，如果在一个不良的细分市场基础上设计筹款活动，效果会大打折扣。

3. 确定目标

筹款目标应该紧扣组织的现状和发展目标，筹款不足会影响组织活动的开展和自身的发展，筹款过多也不利于组织的运作。所以筹款小组应该实事求是地制定本次筹款的目标。一般常用的确定目标的方法有以下三种。

（1）增减法。这种方法根据非营利组织上一年的收入，考虑通货膨胀因素，然后根据预期的变化进行增减。

（2）需求法。这种方法根据非营利组织的需求预测需要的资金目标。

（3）机会法。这种方法需要非营利组织首先对于能从各个捐赠人市场上筹到多少款项作一个初步估算，然后结合组织自身情况，确定一个合适的目标。

4. 设计、实施筹款计划

设计、实施筹款计划是筹款活动的中心，只有经过了这个环节，才能真正把钱筹集到。设计筹款计划的时候，应该根据不同的捐赠额区分市场，配以不同的筹款方式。例如，捐赠额很小的市场，一般使用直接邮件联系的方法，这是最节约的方法。捐赠额大的一些市场可能适用电话联系，大规模捐赠的市场采用面对面的恳谈方式。筹款计划的实施一般要求志愿者的参与，所以对志愿者的培训是一个重要的环节。

5. 评估、总结筹款活动

筹款结束后，及时对本次筹款活动进行评估，总结得失，并根据各个员工和志愿者的工作绩效进行适当的激励。

项目十一 非营利组织筹款

任务三　熟悉非营利组织筹款的基本方式

情境导入

某个为身心障碍者服务的非营利机构每年的运行资金为 80 万元，其中人力支出为 35 万元，房租、伙食和办公等费用支出为 5 万元，管理费用为 5 万元，为服务对象支出 35 万元；所有支出需要机构进行筹款，机构能想到的有：员工的朋友、员工朋友的朋友、在网上找项目的招标信息、通过同行机构的介绍等方式。

任务目标

（1）非营利组织筹款有哪些方式？
（2）如何开展面向个人的筹款？你会如何做？

知识链接

考虑筹款的效率和不同筹款方式之间的差异，针对不同的市场，非营利组织宜采取不同的筹款方式。总的来说，非营利组织需要动用一切可以动用的组织资源，采用各种不同的方法充分调动工作人员和志愿者的积极性，有计划地开展筹款活动。

一、动员组织资源

非营利组织有各种重要的组织资源可用于筹款：理事会成员、主要赞助者、企业、基金会、国际组织、政府、联合劝募组织等。

理事会的成员是对组织宗旨高度认同的人，他们负有为组织争取资源的义务，而且他们往往在社会上具有较高的声望。因此，在组织发动筹款时，理事会成员是最重要的组织资源。

一个组织从创建开始，伴随着它的发展，一般都有一些"忠实"的资助者，他们对组织有较深的认识，对组织的宗旨比较认同，通常称他们为主要赞助者。这些主要赞助者可以帮助非营利组织完成筹款计划，增加非营利组织的影响力，是一股不可忽视的力量。筹款的基础志愿者也可能成为主要赞助者。

上面两种资源是组织的内部资源，而外部筹款对象，以组织形式存在的有：政府、基金会、企业和国际组织,它们都是非营利组织可以获取赞助的外部资源。

联合劝募组织也是一种非营利组织可以利用的外部组织,在联合劝募组织那里,非营利组织也可以筹集到部分资金。

二、动员个人资源

动员个人资源的筹款方式是多种多样的,根据不同的潜在捐赠人,筹款方式应该灵活多样,不断调整。对于具体的筹款活动来说,可以应用的筹款方式大致有以下几种。

(1) 私人请求。私人请求是一种成功率比较高的筹款方式,一般不常用于个人市场。私人请求需要的成本比较高,对于筹款人的要求也比较高,一般由非营利组织的理事会成员或其他高层管理人员,直接向潜在的捐赠者进行面对面的劝募,筹款者一般还需要和对方有一定的交往。

(2) 电话劝募。电话劝募是一种常用的方式。所谓电话劝募,就是根据收集好的筹款对象名单,以电话的方式逐一向其募款。电话筹款的关键是要对筹款对象有仔细的了解,所以对潜在捐赠者的资料收集将是一个很重要的工作。另外,如何在短短的几分钟之内向潜在的捐赠对象说清楚募捐的情况和组织的情况,也是一项有难度的工作,这个工作往往由志愿者担任,所以募捐之前的培训显得相当重要。电话劝募的成本介于私人请求和信函劝募法之间,成功率也介于它们之间。

(3) 信函劝募。以信函或邮件直接寄给对方,向潜在捐赠者募捐,这是最常用的方法之一。这种方式成本比较低廉,但是效果也比较差,往往会出现很多信件发出之后杳无音讯的情况。在这个方法中,最重要的一点是掌握正确的潜在邮寄捐赠者的名单,以确保他们能收到信,其次是针对劝募对象,精心设计能令其动心的活动描述。经常使用信函募捐的组织往往会建立起一个非常详细的捐赠者资料库,它对于非营利组织来说,是一笔宝贵的财富。

(4) 网上筹款。通过互联网扩大组织影响,宣传组织宗旨,并直接在网上筹款的方式,逐渐被一些非营利组织所采用。但是,在我国当前网络立法还没有完善的环境下,网上筹款必须辅以其他的措施,以防止被不法分子利用。

(5) 电视筹募。电视筹募可以在短时间内,将非营利组织的筹募信息直观、形象地传递到潜在的目标人群。特别是通过电视,由服务对象直接向观众表达艰难的处境及需求,更具说服力。电视筹募的效果较好,但需要找到具有相关栏目的电视媒体以及组织相关的活动。在我国希望工程、抗洪救灾的募捐中,也采用过类似的方法。

(6) 义演义赛。体育界和演艺界人士进行比赛或者演出活动,将门票收入贡献给慈善和公益项目就称为义演义赛。义演和义赛活动是一种非常普遍的筹款方式,如在2008年6月初,香港"演艺界5·12关爱行动"在西九龙中天地举行大会演,300多位艺人以马拉松接力的方式轮流演出,为四川地震灾区筹款,短短8小时的义演筹得善款近3 500万港币。

项目十一 非营利组织筹款

(7) 小型项目筹款。这是一种非营利组织为了解决一些突发的紧急事件，而临时设立一个小型项目进行筹款的方式，一般专款专用，时间比较短。例如，在一个贫穷的小孩子得了重病，急需治疗的诊金，需要通过社会募捐解决问题的时候，往往由一家非营利组织通过小型项目的方式进行筹款。

(8) 大型公益工程。采用这种方式募捐的公益项目，一般需要牵扯到很大范围内的人群，需要花费很长的时间来运作，才能得到巨大的预期成果。这种大型公益工程一般需要动员大量的民众进行捐款，数额巨大，其运作是否良好直接影响社会的发展，甚至是国计民生，所以必须通过非营利组织采用大型公益工程的方式，向全社会广泛宣传，以获得尽可能大范围内人们的支持，并最大范围地监督捐赠款项的使用成效。例如，中国在20世纪末开展的希望工程即属此类，希望工程声势浩大，救助了大量的失学儿童，而主持这一大型公益工程的非营利组织——中国青少年发展基金会也因此名声大振，为世人所知。

(9) "一对一"捐助。在筹款中，有些捐赠者为了使自己的捐赠发挥尽可能大的效用，或者是为了明确捐赠的去向，他们会提出具体受赠对象的要求，这种方式就称为"一对一"捐助活动。在非营利组织运作监督机制并不完善的环境下，"一对一"捐助活动比较常见。

(10) 遗产捐赠。捐赠人把部分或全部遗产捐给非营利组织的方式叫作遗产捐赠。遗产捐赠一般数额比较大，一般捐赠给捐赠人相当感兴趣又有重大需求的非营利组织（如艺术类组织、大学、以研究为主的慈善机构、医院等）。只有经过长期的合作和交往，捐赠人对组织有了深入的了解，并认同组织的宗旨，这样的组织才有可能得到遗产捐赠。

遗产捐赠的形式可以是多种多样的，最简单的方式是通过一个普通的遗嘱，捐赠人立下誓愿把一个固定数目或比例的财产捐赠给特定的非营利组织。其他更复杂的方式也是可能使用的。

(11) 计划筹款（党团组织等）。计划筹款是我国常用的一种筹款方式，通过党团等组织，直接向下属成员征收不定额的捐赠。由于党团等组织具有严密的组织性和纪律性，这种捐赠一般比较有效。

拓展训练

某智障人士服务机构（可参见项目七中的重庆慧灵介绍），准备向谭木匠控股有限公司进行筹款，假如你是该机构的筹款协调人，请分析谭木匠控股有限公司需要什么样的回报。据此，设计一些满足企业要求的措施。

项目十二

非营利组织评估

项目概述

本项目主要介绍非营利组织评估的含义、功能及特点，非营利组织评估框架与指标体系，非营利组织评估的基本方法等三项任务。通过该项目的学习，应重点领会非营利组织评估的概念及功能，理解非营利组织评估指标体系的内容，掌握非营利组织评估的基本方法。

引 言

自20世纪70年代以来，在非营利组织蓬勃发展的同时，非营利组织自身的建设与可持续发展也越来越受到人们的关注。非营利组织发展的动力源于两个方面，一方面来自于组织内部，即组织的使命和员工对使命的认同；另一方面来自于外部压力，对非营利组织来说，外部压力并非来自于市场竞争，而是来自于外部评估。由于非营利组织的特殊性，使其在运行中往往会出现"使命失灵"的现象，因此评估已经成为当今非营利组织战略管理最为重要的内容之一。那么，究竟什么是非营利组织评估？非营利组织评估与政府评估和企业评估的异同有哪些？它发挥什么样的功能？非营利组织评估的内容和框架包含哪些？怎样开展评估？希望同学们通过对本项目的学习，能够找到答案。

任务一 了解非营利组织评估的含义、功能及特点

情境导入

20世纪70年代以来，评估问题开始受到国际社会的普遍关注，并广泛应用于许多国

家（地区）和世界银行、亚洲开发银行、双边或多边援助组织以及国际非营利组织的资助项目。中国从20世纪80年代后期开始，也逐步重视评估工作。传统上，人们认为评估就是为了监督检查和管理控制，而现代评估不仅注重监督和控制，更注重将评估看作一个学习的机会和过程，非营利组织更是如此。在非营利组织评估中，会涉及更多的利益相关者，他们又会各自抱着不同的评估目的或是不同的侧重点。例如，捐赠者通过评估希望了解慈善资金的流向和善款的使用率；政府及税务部门希望了解组织是否违规、是否有必要持续签订购买服务的合同、是否进行税收的优惠和减免；受益对象希望获得更好的服务；非营利组织自身则可能希望组织能够良性运行和可持续发展等。因此，非营利组织的评估将更加复杂。

任务目标

（1）思考非营利组织评估的特点。
（2）思考非营利组织评估的意义。

知识链接

一、非营利组织评估的概念

非营利组织体现政府职能的延伸和企业职能的优化，在现代社会，其影响和功能不断扩大。构建多元、全方位的评估机制是非营利组织发展完善的必然选择。

评估有广义和狭义之分，广义的评估是指评估主体对评估客体的价值大小或高低的评价、判断、预测的活动，是人们认识、把握某些事物或某些活动的价值的行为。狭义的评估是指在一定的时限内，尽可能系统地、有目的地对实施过程中或已完成的项目、计划或政策的设计、实施和结果的相关性、效果、效率、影响和持续性进行判定和评价。[①] 狭义的评估具有时限性、科学性、学习性的特点。时限性是指评估是在一定时间范围内完成的，而不是贯穿于项目、计划或政策的始终；科学性是指评估与工作总结不同，它有一套完整的理论和指标体系，是规范、科学和有目的的评定活动；学习性是指评估不是对项目、计划或政策的相关性、绩效和成功度的简单评价，而是通过评价活动本身进行学习。另外，罗西在《项目评估——方法与技术》一书中指出，评估的广义定义包括所有探讨事件、事物、过程或人的价值的努力[②]。巴比在《社会研究方法》中认为评估研究是一种应

---

① 邓国胜，刘永峰.计划生育协会评估手册[M].北京：中国人口出版社，2001.
② 〔美〕彼德·罗西等.项目评估：方法与技术[M].邱泽奇，译.北京：华夏出版社，2002：4.

用性研究，它研究的是社会干预的效果。①

总的来说，评估是指对评估客体的价值进行判断和评价，或是对社会干预的效果进行考察和研究。因此，非营利组织评估是指采用科学的思考、方法、测量和分析，评估组织价值或绩效，及评价服务项目的过程和工具，其目的在于提升非营利组织能力及社会服务的效率、效益和品质。

二、非营利组织评估的特点

与政府和企业不同，非营利组织有其独特的性质，在项目一中已经有所介绍，即非营利性、非政府性、志愿公益性或互益性。非营利组织不同于其他类型组织的独特性决定了非营利组织评估的特点。其主要特点总结如下。

（1）评估对象的特殊性。非营利组织评估的对象是非营利组织，它具有组织性、民间性、非营利性、志愿性和自治性的特点。非营利组织的上述特点反过来又深深地烙印在其行为和绩效上，在一定程度上决定了非营利组织评估区别于企业、政府评估的特殊性。

（2）评估过程的复杂性。非营利组织由于其非营利的本质特征决定了它不可能像企业评估那样可以通过市场交换以价格信息的形式体现出来，同样，它不像政府评估那样可以通过公民的支持率这一政治投票机制反映出来。一般情况下，非营利组织的评估需要借助评估指标、评估方法等工具得以实现，具有复杂性。

（3）评估机制的多元性。非营利组织的评估机制是一个涵盖诚信评估、使命与战略评估、绩效评估和组织能力评估等多个方面在内的多元、全方位的评估框架。另外，非营利组织的评估具有外部和内部两种不同的评估机制：外部评估机制为非营利组织的评估提供制度保障，内部评估机制为外部评估机制功能的正常发挥奠定基础。

（4）评估体系的开放性。非营利组织的评估体系是一个动态的信息收集、传递、处理和输出的过程。评估体系与评估环境之间存在着物质、能量和信息的交换，外界的评估环境可以对评估主体、评估过程产生重要影响。同时，社会、政治、文化等因素对评估过程的影响，更加证明了非营利组织评估体系具有开放性。

（5）评估效用的公益性。非营利组织评估的目的在于监测和评估非营利组织工作和服务的绩效能力和水平，为整个社会其他方面的决策提供参考。与企业和政府的评估不同，非营利组织的评估能够对所有顾客群的生产、生活提供普遍的、广泛的、平等的信息资源，实现公益资源配置的合理化。

三、非营利组织评估的功能

国内外实践经验表明，非营利组织健康发展不仅需要良好的法规政策环境，也需要具备良好的自律机制和行业互律机制。自律机制重在非营利组织的治理上，而非营利组织的

---

① 〔美〕艾尔·巴比.社会研究方法[M].邱泽奇，译.北京：华夏出版社，2009：356.

项目十二 非营利组织评估

行业互律机制中最为核心的就是非营利组织的评估机制,可以说,有效的评估是非营利组织自律或者互律的前提。当然,非营利组织评估的作用远远不止这些,我们借用林修果的《非营利组织管理》一书中的观点来看非营利组织评估的重要功能①。

1. 提高非营利组织的社会公信力和责任意识

非营利组织其公益性或互益性使得它不仅可以享受优惠的税收待遇,而且能够吸引个人、企业、基金会及政府的资助。由此我们可以将非营利组织视为生产者或经营者,政府、捐赠者、志愿者等视为委托人,他们之间形成了"委托-代理"的关系,其实质是一种责任关系,非营利组织作为代理人,必须对其委托人——政府、捐赠者、志愿者等,承担相应的责任。

评估作为重要的问责途径一直为社会各界所重视。委托人有权利了解非营利组织的基本运营绩效及公信力,并根据组织的绩效水平及公信力来决定是否继续委托。为了取得政府的支持和社会各界的进一步捐助,非营利组织应该公布组织受托的财务资源的使用结果,因此必须定期进行诚信评估,并向相关利益主体提供全面而详细的信息。

当前,社会公信力不足是我国非营利组织普遍存在的问题,公众对非营利组织资金的流向、运作的绩效、社会功能等信息缺乏顺畅的知晓途径,导致对非营利组织的不信任。要帮助公众建立对非营利组织的信任,就需通过评估向公众和政府等相关利益者展示非营利组织的产出和效果,从而赢得公众的信任和支持。

因此,评估对非营利组织来说,是强化责任意识的重要手段,同时也是提高组织公信力的重要途径。

2. 提高非营利组织的运作绩效

正如项目一中所描述的一样,非营利组织的重要特征之一就是志愿公益性或互益性。"正像企业是组织化的资本、政府是组织化的权力一样,非营利组织可以说是组织化的志愿精神。"② 非营利组织的志愿公益性或互益性不仅表现在志愿者或社会捐赠是非营利组织的重要社会资源,其产出是"公益性公益物品"和"互益性公共物品",还表现在非营利组织在运行过程中,非常注重价值导向,开展自我管理,也正因此,非营利组织的组织结构并非等级森严的官僚科层制,这些优点使得非营利组织有更多的灵活性。

然而,事实上非营利组织在有些时候却表现为效率低下、质量不高、不尽如人意,甚至一些非营利组织人员滥用权力、中饱私囊,这些行为严重损害了非营利组织的公益形象。其最为重要的原因就是缺乏有效的绩效评估机制,没有对非营利组织进行有效的监督和管理。再加之,非营利组织提供的是"准公共物品",在一定程度上并不存在激烈的竞争市场,优胜劣汰机制在非营利组织界失去作用,客观上容易导致效率低下的情况。另外,第三方评估与监督机制还未形成,少数非营利组织财务状况混乱,甚至出现严重的贪

---

① 林修果.非政府组织管理[M].武汉:武汉大学出版社,2010:342.
② 王思斌.社会行政[M].北京:高等教育出版社,2006:67.

污腐败行为。这就需要建立相应的绩效评估机制来推动非营利组织的健康有序发展。

非营利组织虽然与企业和政府不同，但也是利用组织化的志愿精神来实现公益或互益事业，换句话来说，也是利用稀缺资源实现组织目标，理应要实现资源优化配置，讲究效率、精益求精、实现公益或互益最大化。这些目标的达成还需对非营利组织运作绩效开展有效评估，特别是对非营利组织实施的服务项目在效果、效率、品质及社会影响方面进行评估。非营利组织评估能够帮助组织的管理者更好地制定决策，提高组织运作绩效。

3. 评估是非营利组织学习与能力提高的机会

非营利组织评估包括两大内容，即方案评估和组织能力评估。这两种评估并非完全联系在一起，有时互相分离，一些非营利组织运作项目时，虽然可以达到很好的效果，可是在项目结束之后，这些组织便随之衰弱，以致灭亡。其原因就在于这些组织在运作的过程中，只注重组织绩效的评估，而忽视自身能力的建设。一旦资助者，特别是一些大的资助者终止捐赠后，组织便迅速瓦解。因此，非营利组织的能力评估也非常重要。另外，非营利组织是靠组织化的志愿精神凝结在一起的，组织的使命对非营利组织异常重要。对组织使命的评估保障了组织健康良性地发展。可见，评估是非营利组织学习与能力提高的重要机会。

当前，我国非营利组织面临较好的发展环境。在全面建设小康社会和基层社会管理创新的大背景下，非营利组织必然有新一轮的发展高潮。然而，我国非营利组织治理机制还未完善，非营利组织运作过程中违法乱纪现象时常出现。因此，我们迫切需要借鉴发达国家或地区的经验，以评估为工具，规范、推动我国非营利组织的变革和发展。

任务二　熟知非营利组织评估框架与指标体系

情境导入

制定评估体系是非营利组织评估最为关键的环节。评估体系由评估框架和评估指标体系两部分组成。评估框架是评估体系的核心，而评估指标体系是评估框架的具体化和可操作化的体现。评估框架的设计并不是凭空而来的，它或者基于某一理论，根据演绎的方法得出；或者基于实证的研究，根据归纳的方法提出；或者基于以人为本理念，通过与目标用户的互动，根据"以用户为中心"的方法设计。然而，无论使用何种方法设计评估框架，都必须遵循一条基本的原则，即评估不是目的，而是一种手段。我们不是为了评估而评估，而是希望通过评估达到某种目的。[1]

---

[1] 杨团.非营利组织机构评估：上海罗山市民会馆个案研究[M].北京：华夏出版社，2001：22.

项目十二 非营利组织评估

1999年中国社会科学院社会学所社会政策研究中心对罗山市民会馆的评估正是如此。罗山市民会馆是浦东新区政府社会发展局委托上海基督教青年会管理的一个从事社区社会服务的非营利机构,第一期委托时限为三年(1996—1999)。在第一期委托期满之际,为了确定是否继续延续委托关系,社会发展局对市民会馆进行评估。评估的基本依据是"非营利机构评价准则及衡量尺度",依其对机构的非营利性、组织制度以及运营的效果和效率三个基本方面进行考量评价。对于非营利性的认定主要包括:机构在章程中明确了其非营利性,机构的服务具有公益性并且其运营以非营利为原则,机构建立了适当的制度以保证其在接受捐赠、财务、审计等活动方面接受公众的监督。对于组织制度的评估包括对其治理结构和管理制度方面的考量。例如,决策机构设置及成员选任合乎章程,管理运营制度可以保证机构实现其宗旨与目标,建立了完善的财务制度及其他必要的规章制度。对于效果的评估主要考量机构所提供的服务是否满足社区居民的需要,服务水平是否受到被服务对象的好评,机构的整体运营是否受到其主管单位和委托管理方的肯定性评价;对于效率的评估包括考量服务项目设置的合理性、服务设施的利用率以及总体运营收支平衡的能力与水平等。

任务目标

(1) 根据情境导入,理解设置非营利组织评估体系的理论和现实依据。
(2) 思考非营利组织评估的基本框架和指标体系。

知识链接

一、非营利组织评估的理论框架

非营利组织评估框架的制定和指标体系的设置并非随意而定,而是取决于其评估目的及评估理论。由于非营利组织评估到20世纪90年代才被人们广泛关注,因此其理论更多来源于政府、企业评估的理论与实践。对非营利组织广为影响的理论一般有"3E"理论、"3D"理论、"顾客满意度"理论、平衡计分卡制度,以及我国学者邓国胜在我国非营利组织研究的基础上得出的"APC"理论。

1. "3E"理论

"3E"理论最早出现在政府的绩效评估中,后来才被推广到非营利组织。该理论强调在评估中要遵循"3E"原则,即经济(Economy)、效率(Efficiency)和效果(Effectiveness)。其中,经济是指以最低可能的成本维持既定服务品质的公共服务,它关心的是投入的数量,而不是关注其产出和服务品质。以罗山市民会馆为例,经济指标的体现就是政府投了多少钱，花费和预算是否一致等。效率指标通常包括服务水准的提供、活动的执行、每项服务的单位成本等，一句话，即投入和产出之比例。在罗山市民会馆的评估中，对其效率的评估重点体现在服务的利用率和总体运营收支平衡的能力与水平上。效果则指公共服务实现目标的程度，往往只关心目标和结果。在罗山市民会馆的评估中，效果评估则体现在是否满足社区居民的需要，服务水平是否受到被服务对象的好评，机构的整体运营是否受到其主管单位和委托管理方的肯定性评价等。

2. "3D" 理论

虽然"3E"理论对非营利组织评估有重要影响，但其理论基础更多来自于企业和政府评估的实践，因此，非营利组织领域内的学者对其提出了质疑。学者们认为非营利组织有更多的相关利益者，简单地用"3E"指标来评价非营利组织，无法对众多相关利益者作出恰当交代。另外，由于非营利组织产出的特殊性，目标的不确定性，使得"3E"评估理论在其评估中失去基本条件。因此，学者们认为非营利组织的评估应该有新的标准，即"3D"理论。所谓"3D"是指诊断（Diagnosis）、设计（Design）和发展（Development）。诊断是指非营利组织或项目管理者能够正确识别组织或项目所面临的新的管理问题，能够考虑主要的相关利益群体的需求和利益。就罗山市民会馆评估来说，诊断指标就要体现在管理者对目前新环境的认识上，以及政府、服务对象、评估者等相关利益者的需求和利益的考虑上。设计是指组织或项目管理者能够通过适当的策略解决这些问题，能够设计解决这些问题的恰当的结构与战略。发展是指一种解决组织或项目实施过程中所遇到问题的能力，以及相应的学习过程中的管理变革或创新。

可以看出，"3D"理论更着眼于非营利组织能力评估，从问题和需求的诊断，到问题解决方法的设计，再到实施过程中的变革与创新，都和非营利组织的能力相关，其目的就在于帮助非营利组织不断学习和完善，正如任务描述中所说，"评估不是目的，而是一种手段"，因此"3D"理论受到非营利组织界的广泛欢迎。但正由于其过于关注能力，致使很难进行量化分析，更多依靠定性资料，不同组织之间也很难进行比较，因此无法根据评估结果对同类社会组织作出精确评价。

3. "顾客满意度"理论

不管是"3E"理论还是"3D"理论，都是一种自上而下的评估方式，它以实施项目的组织为中心。但非营利组织的核心是为服务对象提供优质的服务，服务对象的感受和评价对非营利组织的发展来说尤为重要，在此基础上就形成了自下而上、面向服务对象的"顾客满意度"理论。该理论旨在评估顾客感受到的服务质量达到其期望值的程度。它包括：了解顾客的需求，并能迅速、准确地回应服务对象的需求；充分具备提供服务所需的知识和技能；热心接受顾客的要求；服务态度谦虚、有礼；能够倾听顾客的不同意见；非营利组织及其工作人员（包括志愿者）值得信赖；能够尊重顾客隐私等。

虽然"顾客满意度"理论视角发生了重大变化，对非营利组织评估体系的设置有重大启发。但在实际的操作中，由于我国的弱势群体习惯于政府的救助，甚至认为政府的救助理所当然，因此对政府的救助期望值很高，满意度程度偏低。相反，弱势群体对于民间慈善组织的期望值往往较低，甚至没有特别明确的期望值，哪怕获得非营利组织的一点点资助，其满意度程度都会很高。因此，用顾客满意度理论来指导我国非营利组织的评估有其局限性。

4. 平衡计分卡（BSC）

以往更多评估尤其是"3E"评估，多以财务性指标为衡量标准，很难对组织作出全面而有效的评价。基于此，Kpalna 和 Norton 于 1992 年发表"平衡计分卡：良好绩效的评价体系"一文，提出了平衡计分卡（Balanced Score Card，BSC）的评估理念，强调评估资料的完整性及考察的全面性。如图 12-1 所示，BSC 主张从财务、客户、内部管理与创新和学习四个角度来评价组织的管理业绩，可以说是一种全方位的绩效衡量制度，既保留了传统财务指标来衡量有形资产，同时纳入客户、内部管理与创新和学习三个指标来衡量其他资本，强调财务和非财务指标的结合。财务维度重在强调服务价值的提高和服务成本的降低；客户维度强调客户满意度、保留率和增加率；内部管理维度则关注组织的"创新动力""营运效率"和"后续服务"等；创新与学习维度的评估反映了组织长期成长与发展的能力。

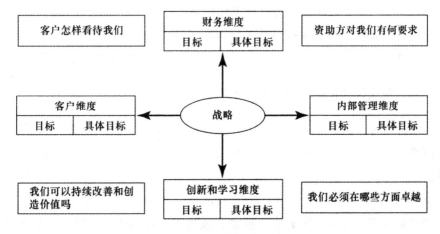

图 12-1 平衡计分卡模型

（资料来源：Kaplna. R. S and Norton. D. P. The Balanced Scorecard: Measures that Drive Performance, Harvard Business Review，Jan/Fed，1992.）

可以看出，平衡计分卡评估理念吸纳了"3E""3D"及顾客满意度等理念的优点，突破了以往以财务指标评价组织绩效的局限性，实现了财务与非财务指标的融合，被人们称之为"一种革命性的评价和管理制度"。

5. "APC" 理论

邓国胜在大量调研的基础上，针对中国大量非营利组织共同面临的问题和发展困境（如公信力不足、治理结构不完善、组织能力弱小、效率低下等），提出了非营利组织绩效评估的"APC"理论，即对非营利组织问责（Accountability）、绩效（Performance）和组织能力（Capacity）的全方位评估。

问责是指非营利组织对其使用的公共资源的流向及其使用效果的社会交代。问责性评估则是对非营利组织或其他公共组织问责程度的评价。通常，非营利组织问责性评估包括非营利组织的治理结构是否合理，非营利组织的活动是否与组织的宗旨一致，组织的有关信息是否进行了必要的、准确的披露，非营利组织的财务是否透明等方面。问责性评估是确保非营利组织诚信的一种制度安排，它的功能在于帮助非营利组织树立社会公信力。

绩效评估是对非营利组织的适当性、效率、效果、顾客满意度、社会影响及其持续性的评估。这一绩效评估框架吸取了"3E"理论、"4E"（经济、效率、效果和公平）和"顾客满意度"理论的优点，并增加了适当性、社会影响和持续性等方面的内容，更适合非营利组织的绩效评估。绩效评估的功能在于通过评估提高非营利组织的效率，促进组织服务品质的提高。

组织能力是指组织开展活动和实现组织宗旨的技能和本领。当前，有关非营利组织能力评估的框架很多，其中一种框架是对非营利组织基本资源、组织内部的管理能力、组织外部的公共关系与动员资源的能力和组织自我评估与学习的能力评估。组织能力评估的功能在于促进非营利组织自我生存与发展能力的提高，促进非营利组织达成组织使命。

与"3E""3D"和"顾客满意度"所不同的是，这一评估框架更符合中国非营利组织的国情。与此同时，针对当前中国各类非营利组织只关注绩效的现状，"APC"评估理论特别强调了非营利组织问责与能力的评估，并将问责与能力评估提升到前所未有的高度。

二、非营利组织评估指标体系的设置原则

指标体系设置环节是非营利组织评估的重要环节，作为评估者，指标体系设置务必要遵循相关原则。结合其他论著上的观点，本书认为，非营利组织评估指标体系设置应遵循以下原则。

1. 目的性原则

评估的目的决定了评估系统的一切要素，包括评估指标体系设计、评估方法的选择、评估客体的信息获取以及判断的形成等。因此，在确定指标体系的每一单项指标时，都应考虑此项指标在整个指标体系中的地位和作用，是否通过指标体系的测量反映了评估的目的。非营利组织评估旨在反映非营利组织治理和管理状况，为政府、捐赠人、非营利组织理事、志愿者以及其他利益相关者及时了解非营利组织的状况、诊断非营利组织中存在的问题、制定正确的政策、提高非营利组织治理和管理质量、实施有效的监督等提供依据。因此，它具有很强的目的性。

2. 科学合理原则

虽然非营利组织的评估相对于企业、政府评估来说，较为困难，但并非纯粹的类似于随意考察的评估。非营利组织评估指标体系的设置应符合非营利组织本身的性质、特点以及非营利组织行为准则、制度以及规范等的要求，要确保评估指标的有效性和可信性，力

争做到科学、合理,这是指标体系设计的基本出发点。

3. 多元考量原则

由于非营利组织有更多相关利益群体,其对非营利组织有不同的期望,非营利组织会面临多元化交代,如财政交代、政治交代、专业交代、服务交代、行政交代等。非营利组织要对不同交代作出回应,就要在评估指标设置过程中,考虑到各方需求和期望,征询各相关利益群体的意见,特别是资助者和服务对象的意见,将评估结果反馈到评估机制,并建立制度化的申诉渠道,应对不同相关利益者的质询。

4. 系统性原则

系统性是指在指标体系内部应具有一定的逻辑关系,而不是杂乱无章的罗列。在设计指标体系的过程中,应尽量考虑评估目的和研究对象各方面的有机联系,充分理解评估框架的系统和整体性,综合全面地设置指标体系,有机地呈现非营利组织的全貌。

5. 经济原则

评估是一个管理过程,要耗费人力、物力和财力,需要一定的成本。而对中国非营利组织来说,投入评估的经费还有限,因此必须遵循经济原则。经济原则是指在设计评估体系时,除尽可能从不同侧面反映非营利组织全貌之外,还要尽可能地删除相互重复的指标,尽可能地以收集成本低的指标反映更多的信息量。

三、非营利组织评估指标体系的内容

非营利组织评估指标的设置,要考虑非营利组织的独特性质。非营利组织的非营利性、民间性、志愿公益性等特殊性质,致使非营利组织的目标和企业与政府的目标大相径庭,呈现出多元化的特征。同样非营利组织评估指标的设置也要考虑我国实际情况,我国非营利组织是在受着悠久的儒家文化传统以及长期计划经济制度影响的环境下成长起来的,因此评估指标体系的设置必须符合实际环境。很多学者或教材都提出了非营利组织评估框架体系,邓国胜针对我国非营利组织的状况提出了四模块评估框架,即非营利性评估、使命与战略评估、项目评估和组织能力评估,随后又提出了"APC"评估框架。马庆钰在《非营利组织管理教程》一书中提出非营利组织评估指标体系包括诚信评估指标、使命与战略评估指标、组织能力指标评估和项目评估指标等。2010年民政部颁布的《社会组织评估管理办法》,提出对非营利组织按照类型进行分类评估,社会团体、基金会实行综合评估,评估内容包括基础条件、内部治理、工作绩效和社会评价。民办非企业单位实行规范化建设评估,评估内容包括基础条件、内部治理、业务活动和诚信建设、社会评价。

综合以上内容,本书采用李维安《非营利组织管理学》一书中的观点,把非营利组织评估指标体系分为非营利组织基本状况、非营利组织的组织治理、非营利组织公共责任、非营利组织资金使用、非营利组织信息披露、非营利组织筹资活动等六大块①,如图12-2所示。

---

① 李维安.非营利组织管理学[M].北京:高等教育出版社,2005:288.

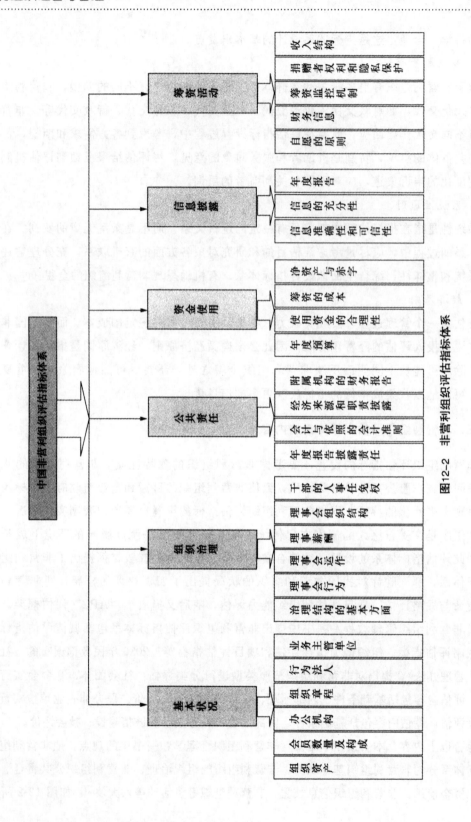

图12-2 非营利组织评估指标体系

1. 非营利组织基本状况

非营利组织基本状况评估主要是对非营利组织成立指标的一般性考察,其目的在于了解非营利组织的概况。西方国家中非营利组织的成立指标一般包括组织资产、会员数量及构成、固定办公机构、明确的组织章程、具体的行为法人等。中国非营利组织的成立指标在标准上除了以上几大标准外,还包括必须找到一个政府部门作为本组织的"业务主管单位",对非营利组织进行业务指导。因此,我国非营利组织基本状况评估的具体指标包括非营利组织资产、会员数量及构成、办公机构、组织章程、行为法人、业务主管单位等。

2. 非营利组织的组织治理

非营利组织的组织治理指通过正式和非正式制度安排来配置责权利,目的在于协调非营利组织与所有利害相关者之间的利益关系,保证各类主体之间利益的有效平衡,最终实现组织宗旨。一般来说,非营利组织治理的重心在于理事会,理事会负责政策的制定、财务指导和发展治理,并且定期检查组织的政策、方案和运作。非营利组织治理的评估指标包括治理结构的基本方面、理事会行为、理事会运作、理事薪酬、理事会组织结构和干部的人事任免权六个方面。

3. 非营利组织公共责任

接受资助的非营利组织理应向资助者提供年度报告,并且应当由具有会计师资格的会计,依照现行的会计准则起草报告,并提交理事会会议;其财务陈述应当为捐赠者的决策提供基本的信息;通过所控制的或附属的实体的筹款,获得相当比例收入的非营利组织,应当按照要求提供所有来自这些实体的收入的账目情况。对组织的经济来源和职责,包括附属机构和分支机构的事务处理和影响财务的重要事件、收入与开支的重要类别都应详细地披露;对于一个全国性的组织,必须提交一份包括总部及附属机构财务内容的财务报告。

4. 非营利组织资金使用

非营利组织应当准备一份详细的年度预算,它应当与财务审计报告中的分类相一致,并提交理事会审议通过。在总收入中,必须有一个合理的比例应用于与组织目的直接相关的项目和活动;在公众的捐献中,必须有一个合理的比例用于所申请的项目或活动,并与捐献的项目一致;筹款的成本必须是合理的;总的筹款和行政成本必须合理。合理使用资金包括:第一,所有来源的总收入中至少50%必须用于与组织目的有关的项目和活动;第二,在公众的捐赠中,至少50%必须用于所申请的项目和活动,并与捐赠者的预期一致;第三,在相关的捐赠中,筹款的成本不得超过35%;第四,总收入中,总的筹款和行政成本不得超过50%,如果一个组织没有达到上述一个或多个百分比的限制,应当提供证据证明它的理由。此外,下一个财政年度的净资产通常不超过当年经费开支的两倍或第二年预算的两倍,不允许有持续的赤字。

5. 非营利组织信息披露

非营利组织劝募的信息材料,无论是整体还是部分,都必须正确、可信、没有误导信息。在有要求时,寻求资助的组织应当正视所申请的材料无论是整体还是部分,都是准确的,可信的,没有误导。劝募书应当对申请资助的项目和活动进行清晰地描述。直接联系,包括面对面和电话联系时,应当指定:第一,申请人与受益组织的关系;第二,受益组织的名称或目标群体;第三,所需资金的项目活动。如果申请与出售物品、服务或承诺有关,则应当注明:第一,受益的组织;第二,可获得的信息来源;第三,对于受益的组织或目标群体,实际或预期的出售或承诺的价格。

非营利组织的年度报告应当是透明的。年度报告应当详细叙述组织的主要活动。它应当与财务审计报告中的主要类别和财政年度的时间长度相同;提供理事会人员名单;财务审计报告或综合财经概要,至少应包括以下内容:第一,列出所有收益表;第二,列出项目计划、经验管理和筹资所需要费用的审计报表;第三,全部结算报表。

6. 非营利组织筹资活动

理事会对所有经认可的为组织筹款的活动负责。筹款应当遵循自愿的原则,不应当施加任何未经授权的压力;应根据要求公布组织所有实际的收入和生产经营活动的状况和财务信息;对于组织从事商业活动所获得的收入,包括营利组织利用该组织的名称所获得的收入的基本状况和财务信息应当是可获得的。非营利组织所有相关的商业活动的宣传都应当说明这一点,或者表明可以从该组织获得这些信息。另外,在经费来源上,我国非营利组织对政府拨款依赖性较强,致使其收入结构不合理,社会融资能力有待增强。

非营利组织应当对工作人员、志愿者、协调人、合约人和所控制的或附属的实体的筹资活动,建立监控机制并进行控制,包括书面的筹资合同和协议;寻求资助的组织应当对捐献物建立和实行适当的控制;应当给予捐献者应有的荣誉,并且不能在未经书面许可的情况下公布捐献者的身份。

任务三 掌握非营利组织评估的基本方法

情境导入

在非营利组织战略管理中,评估是战略管理的重要内容之一,它是当代非营利组织管理不可或缺的手段和过程。与其他管理过程一样,评估有其基本程序和方法。在进入正式评估前,评估需要草拟一个评估的方法与步骤,并要根据评估目的、评估资源等选择恰当的评估方法,这是进行评估的必要程序。我国民政部在2010年颁布的《社会组织评估管理办法》中指出,各级人民政府民政部门设立相应的社会组织评估委员会和社会组织评估复核委员会,评估专家组对社会组织进行实地考察,并提出初步评估意见。《社会组织评估管理办法》还列出了社会组织评估的基本程序,即发布评估通知或者公告、审核社会组

项目十二 非营利组织评估

织参加评估资格、组织实地考察和提出初步评估意见、审核初步评估意见并确定评估等级、公示评估结果并向社会组织发送通知书、受理复核申请和举报、民政部门确认社会组织评估等级、发布公告等八个步骤。这其中，涉及两个不可回避的问题，非营利组织评估有哪些基本程序，评估的方法有哪些，选择评估方法的依据是什么？这正是本任务所要回答的问题。

任务目标

（1）非营利组织评估有哪些基本程序？
（2）非营利组织评估的方法有哪些，其优缺点是什么？
（3）联系本项目前文所讲，思考如何选择恰当的评估方法。

知识链接

一、非营利组织评估的程序

在评估过程中，由于评估类型不同、目的不同、主体不同，可能采取的评估程序也不同。一般来说，非营利组织评估的程序有以下八个步骤。

1. 确定评估目的

确定评估目的就是要搞清楚为什么要进行评估。评估目的明确，有助于评估者进行下一步工作，而且评估工作往往能够取得事半功倍的效果；反之，则可能浪费资源，也起不到评估应有的作用。当然，由于非营利组织相关利益者比较广泛，对非营利组织的期望和要求不尽相同，所以其评估目的往往不是单维度的。评估者必须搞清评估的目的，才能选择恰当的评估方法及评估类型，确定合理的评估框架和指标，在评估过程中达到资源优化配置。

2. 确定评估重点及关键性问题

明确评估目的后，接下来就是要确定评估的重点和关键性问题。在这个过程中，需要注意：一是要根据评估目的决定评估的重点和关键问题，确定需要优先收集的信息；二是要根据评估的经费和人力决定评估的重点和关键问题；三是要根据不同的利益群体对已经了解和不了解的情况决定评估的重点和关键问题。

3. 选择评估指标

评估指标的确定是评估步骤中最为关键的一环。指标是指反映总体现象的特定概念和具体数值。具体来说，每一评估重点或关键性问题都可以列出许多测量指标，所以，在选择评估指标时，要经过认真仔细的研究，一方面必须遵循构建评估指标体系的原则，另一方面也可以由评估者进行初步筛选,然后请一些同行专家进行评议,或采用其他科学的方法选择评估指标。

4. 确定评估方式

确定评估方式即要确定收集资料的方法,一般来说,收集资料的方法有文献法、问卷法、访谈法、观察法等。在选择收集资料的方法时,要遵循经济原则,尽量选择成本低、且能取得评估效果的方法。

5. 编制执行计划

评估对非营利组织来说是一个非常重要的管理过程,因此在开展之前,必须进行严密的计划。一般在编制执行计划中,涉及以下工作:一是组建评估小组;二是分派评估任务;三是进行日程安排;四是预算评估费用等。当然,在编制执行计划的过程中,还可能涉及评估方法的选取、信息分析方法、应急预案等。

6. 处理分析数据

在收集数据信息后,就进入了关键数据信息分析阶段。分析数据要选择适当的分析方法,将分析之后的结果反馈给提供信息的个人和团体,并让他们作出回应,给出意见,评估者在形成最终评估报告时应充分考虑这些反馈的信息。数据处理分析可以分为三个阶段:一是数据处理并制表,也就是将调查中记录的各种分散信息,经过分类加总汇集成表示总体特征的信息;二是评估小组要对处理的信息进行讨论和分析,如采用后面所要讲到的对比法、逻辑框架法等,形成初步结论和建议;三是评估小组也要反思自己的评估工作。

7. 撰写评估报告

在完成以上步骤后,评估小组就着手开始编写评估报告。通常,评估报告由内容摘要、报告正文和附录三部分组成。评估报告理应全面、系统地反映评估目的、内容和结果,评估报告的内容通常包括评估的目的、评估的侧重点、评估的过程(评估的项目点、评估的调查方法和基本数据及分析方法等)、主要发现和结论、政策建议、附录(数据和制表、调查问卷、访谈提纲、参考文献等)。

8. 交流评估结果并制订后续计划

正如前文所讲,评估本身不是目的。因此,在评估报告之后,还需要进一步发挥评估报告应有的作用,交流评估结果并制订后续计划。交流评估结果是非营利组织学习和发展的重要手段,需要评估小组通过各种通俗易懂的方式在不同利益群体之间交流评估的发现、结论和建议,鼓励大家对相关信息作出评论。并在此基础上,召开后续会议,动员相关利益群体,如捐赠者代表、社区代表、受益者代表、项目官员等参加会议,对非营利组织后续工作进行讨论,为非营利组织提供决策和计划依据。

二、非营利组织评估的方法

当前,在对非营利组织进行评估时,通常采用的方法有逻辑框架法、对比法、快速乡村评估法、参与式评估法等。

1. 逻辑框架法

逻辑框架法（Logical Framework Approach，LFA）是美国国际开发署（USAID）在1970年开发并使用的一种设计、计划和评价的工具。目前已有三分之二的国际组织把LFA作为援助项目的计划管理和后评价的主要方法。逻辑框架不是一种机械的方法程序，而是一种综合和系统地研究和分析问题的思维框架。在评价中采用LFA有助于对关键因素和问题作出系统的合乎逻辑的分析。该方法的作用在于使一个复杂的问题简单化、条理化。

LFA是一种概念化论述项目的方法，即用一张简单的框图来清晰地分析一个复杂项目的内涵和关系，使之更易理解。它是将几个内容相关、必须同步考虑的动态因素组合起来，通过分析其间的关系，从设计策划到目的目标等方面来评价的一项活动或工作。它为项目计划者和评价者提供了一种分析框架，用以确定工作的范围和任务，并对项目目标和达到目标所需的手段进行逻辑分析。LFA的核心概念是事物的因果逻辑关系，即"如果"提供了某些条件，"那么"就会产生某种结果，这些条件包括事物内在的因素和事物所需要的外部因素，如表12-1所示。

表 12-1　逻辑框架法的模式

项目结构	指标	检验的方法	假设
宏观目标	目标指标	统计调查	实现目标的条件
微观目的	目的指标	统计调查	实现目的的条件
产出	产出物指标	监测报表、调查	实现产出的条件
投入	投入指标	监测报表、调查	实现投入的条件

在建立了逻辑框架之后，就可以较为清楚地进行评估工作。例如，在评估项目效果时，可以根据逻辑框架建立的检验方法，计算项目实施后的目的实现程度，并与预期的标准比较，如果预期标准基本达到，甚至超过预期的标准，就可认为该项目的效果较好或很好，否则可以认为该项目的效果较差或很差。与此同时，还可以通过逻辑框架建立的假设条件分析项目效果好坏的原因。

2. 对比法

对比法在评估活动中很常见。通常我们通过监测、调查得到相关信息后，还不能判断某一指标的高低，非营利组织运行的良性与否，需要一个好的参照对象，与之进行比较作出判断，得出评估结论。对比法的类型主要有以下三种。

（1）前后对比法。前后对比法即将项目完成后的情况与项目实施前的情况进行对比，以评估项目效果的方法。其公式为

$$P = I_2 - I_1$$

式中，P为项目效果，I_2为项目完成后的情况（实施项目后测值），I_1为项目实施前的情

况（实施项目前测值）。

前后对比法相对来说，简单易行。但存在一定局限，由于影响项目结果的因素往往较为复杂，除项目实施本身会影响结果外，常常还有许多项目以外的因素也会影响到项目完成的结果。因此，后测值和前测值之差可能并不能完全代表项目实施的结果。

（2）有无对比法。有无对比法是选定一个与项目组近似的但没有实施项目的对照组（控制组），通过项目组实施项目的结果与没有实施项目的控制组结果进行对比，以评估项目效果的方法。其公式为

$$P = I_2 - C_2$$

式中 P 为项目效果，I_2 为项目完成后的情况（项目组后测值），C_2 为控制组同期的情况（控制组后测值）。

有无对比法最为重要的一步就是寻找控制组，也正由于此，其存在较大局限。在实际生活中，很难找到比较相近的项目基线值，如果两者的基线值相差过大，采用有无对比法则失去其合理性。

（3）综合对比法。综合对比法是通过比较项目组前后测值之差与控制组前后测值之差以评估项目效果的方法。其公式为

$$P = (I_2 - I_1) - (C_2 - C_1)$$

式中 P 为项目效果，I_2 为实施项目后测值，I_1 为实施项目前测值，C_2 为控制组后测值，C_1 为控制组前测值。

可以看出，综合对比法相对来说比较准确。但是，由于综合对比法需要获取四组数据，评估所需要的时间和经费自然相对较多，这对于非营利组织来说无疑是较大的负担。因此，在选择对比法时，要根据当时情况，选择合适的评估方法。

3. 快速乡村评估法

快速乡村评估法与众多量化评估方法不同，它建立在人类学、社会学非量化资料的技术基础上，是一种不断快速学习的评估方法。其主要做法如下。

（1）采用多学科小组，包括评估学、经济学、社会学、人类学或其他有关专业的人员。也可以根据需要，在调查过程中组织适当的多学科小组。通常，多学科小组成员包括捐献者代表、非营利组织的代表、评估专家，有时可以请政府的代表参与多学科小组。

（2）三角信息，利用不同方法。包括正式的、非正式的、不同专业的方法来收集同一信息，如观察、直接参与、小组访谈等不同形式讨论同一主题，而不是仅仅通过正规的问卷调查或访谈调查等单一方式收集信息，进行评估。

（3）避免主观偏见。要在调查中强调仔细倾听、深入调查，不急于下结论。用认真、慎重的态度纠正主观偏见，以获得真正反映实际状况的信息，并通过调查以及相互讨论不断学习。

（4）直接面向受益群体，要通过直接观察、小组访谈、焦点访谈等一系列方法，直接与受益群体接触，获取信息，了解目标人群的看法，并通过与受益者的直接接触不断

学习。

快速乡村评估法与正规评估调查相比,具有见效快、费用低、提供的资料更丰富等优势。在时间紧迫、预算紧张的评估中其优势更加凸显,因此,针对一些草根的非营利组织,更适宜采用该方法进行评估。

4. 参与式评估法

参与式评估法(Participatory Rural Appraisal, PRA)是在快速乡村评估法的基础上形成的,它是指项目管理人员和受益者共同组成评估小组,通过对项目管理的系统评估、调整、重新制订项目的目标或方案,重新进行组织机构安排或调配资源的一种方法。这种方法的评估调查更多地依靠受益者或者说目标群体自身,依靠他们自己对项目反馈的信息进行评估。通过评估,评估者可以更好地了解目标群体的需求、优先考虑的问题等。

参与式评估法最大的特色就在于鼓励受益者参与评估过程、管理过程,是一种"自上而下"的评估。当然,参与式评估并非受益者的一种自发行为,为了进行参与式评估,管理者必须运用积极的、操作性强的方法保证受益者的参与,并从受益者感兴趣的活动开始。

参与式评估法是在快速乡村评估法的基础上发展而来的,但两者有很大的区别,如表12-2 所示。

表 12-2　参与式评估法与快速乡村评估法的比较

项　　目	快速乡村评估法	参与式评估法
主要目的	外来者进行评估学习以增强组织能力	一起评估学习以增强组织和当地人的能力
外来者角色	获取资料者	评估活动的协助者
当地人角色	提供资料者	评估者
评估时间	通常很快	需要建立相互信任的关系,可能时间较长
可能的结果	外来者决策而当地人后来参与	当地人与相关利益群体共同参与
最终结果	评估报告	当地可持续发展

总之,非营利组织在评估过程中,要根据评估目的、评估资源等,结合各评估方法的优缺点及适应条件,以此来选择适合自身评估的方法。

拓展训练

结合本项目所学内容,思考下列问题:

(1) 我国非营利组织评估的对象与内容。

(2) 我国非营利组织评估的程序与方法。

[1] 王名.非营利组织管理概论[M].北京：中国人民大学出版社,2010.

[2] 王名,刘培峰,等.民间组织通论[M].北京：时事出版社,2004.

[3] 王名.社会组织概论[M].北京：中国社会出版社,2010.

[4] 王守杰.非政府组织从传统慈善向现代治理转型研究：发达国家第三部门变迁的经验与启示[M].兰州：兰州大学出版社,2008.

[5] 马庆钰.中国非政府组织发展与管理[M].北京：国家行政学院出版社,2007.

[6] 马庆钰.社会组织能力建设[M].北京：中国社会出版社,2011.

[7] 邓国胜.非营利组织评估[M].北京：社会科学文献出版社,2001.

[8] 邓国胜.公益项目评估：以"幸福工程"为案例[M].北京：社会科学文献出版社,2003.

[9] 孙伟林.社会组织管理[M].北京：中国社会出版社,2009.

[10] 孙柏瑛.公共部门人力资源管理[M].北京：中国人民大学出版社,2004.

[11] 田凯.非协调约束与组织运作：中国慈善组织与政府关系的个案研究[M].北京：商务印书馆,2004.

[12] 李维安.非营利组织管理学[M].北京：高等教育出版社,2005.

[13] 吴东民,董西明.非营利组织管理[M].北京：中国人民大学出版社,2003.

[14] 陈潇.非营利组织战略管理问题研究[M].哈尔滨：黑龙江人民出版社,2003.

[15] 苗丽静.非营利组织管理学[M].大连：东北财经大学出版社,2010.

[16] 金锦萍.社会组织财税制度[M].北京：中国社会出版社,2011.

[17] 杨团.非营利组织机构评估：上海罗山市民会馆个案研究[M].北京：华夏出版社,2001.

[18] 黄浩明.非营利组织战略管理[M].北京：中国人民大学出版社,2003.

[19] 黄波,吴乐珍,古小华.非营利组织管理[M].北京：中国经济出版社,2008.

[20] 温志强.人力资源开发与管理[M].北京：清华大学出版社,2011.

[21] 崔向华,张婷.非营利组织管理导引与案例[M].北京：中国人民大学出版社,2013.

[22] 国务院发展研究中心社会发展研究部课题组.社会组织建设：现实、挑战与前景[M].北京：中国发展出版社,2011.

[23] 清华大学NGO研究所.中国非营利评论(第一卷)[M].北京：社会科学文献出版社,2007.

[24] 张秀玉.战略管理[M].北京：北京大学出版社,2006.

[25] NPO信息咨询中心.非营利组织的治理[M].北京:中国书籍出版社,2008.

[26] 〔美〕阿尔文·H.赖斯.非营利组织创新管理[M].潘若琳,赵家珍,译.北京:北京大学出版社,2007.

[27] 〔美〕彼得·德鲁克.非营利组织的管理[M].吴振阳,译.北京:机械工业出版社,2009.

[28] 〔美〕彼得·罗西等.项目评估:方法与技术[M].邱泽奇,译.北京:华夏出版社,2002.

[29] 〔美〕诺顿.全球筹款手册[M].2版.张秀琴,江立新,译.北京:中国人民大学出版社,2005.

[30] 〔美〕詹姆斯·P.盖拉特.21世纪非营利组织管理[M].邓国胜,译.北京:中国人民大学出版社,2003.

[31] 〔美〕汤普森·斯迪克兰.战略管理:概念与案例[M].王智慧,译.北京:北京大学出版社,2009.

[32] 〔美〕约翰·布赖森.公共与非营利组织战略规划:增强并保持组织成就的行动指南[M].3版.孙春霞,译.北京:北京大学出版社,2010.

[33] 〔加〕伊恩·斯迈利,〔英〕约翰·黑利.NGO领导、策略与管理:理论与操作[M].陈玉华,译.北京:社会科学文献出版社,2005.

[34] 邓汉慧.现代企业中员工冲突管理[J].中国人力资源开发,2011(3).

[35] 华黎明,李洪丽.非营利组织的人力资源构成与管理[J].法制与社会,2008(14).

[36] 陈晓春,胡杨明.非营利组织中的人本管理探讨[J].中国行政管理,2005(6).

[37] 张燕红.志愿精神与非营利组织志愿者激励方式探析[J].重庆科技学院学报(社会科学版),2009(10).

[38] 欧阳晓东,曾小龙.和谐社会背景下非营利组织的作用分析[J].科技进步与对策,2006(5).

[39] 徐晞,叶民强.非营利组织人力资源管理理论及其最新发展[J].生产力研究,2008.

[40] 廖飞.非营利组织战略管理分析方法的探讨[J].贵州工业大学学报(社会科学版),2003(3).